KB266993

역사 속 여자, ○○하다 **2**

여자, 기어이 욕망하다

# 여자, 기어이 욕망하다

황향주
이민정
장지연
지음

푸른역사

삶이 나의 공부와 직접적으로 맞닿았으면 하고 바랄 때, 그런 이야기를 누군가와 나누고 싶은 갈증을 느낄 때가 있다. 2024년 초, 겨울 언제쯤이 그런 때였다. 마침 비슷한 생각을 품고 있던 몇몇이 만나, 분위기 근사하고 맛 좋은 먹거리가 한아름인 음식점에서 한껏 수다를 떨었다. 평소 안면이 있는 사이도 있었지만, 그날 처음 만난 이들도 있었다. 늘 그렇듯 수다는 중구난방. 그러나 비슷한 결의 고민을 하는 이들끼리 첫 만남의 벽을 허무는 것은 그리 힘들지 않았다. 이 책은 그날의 수다와 각자가 품고 있던 갈증과 고민을 발전시킨 결과물이다.

"여성을 제외한 역사가 가능한가?"라는 모토가 나온 지도

30년이 되어 간다. 그 사이 한국사 서술의 현장에서도 여성, 젠더 등이 빠져서는 안 된다는 공감대가 형성되었으며, 관심의 대상과 분야, 시대도 광범위하게 확장되었다. 수많은 자료와 인물의 발굴은 여성사 서술의 폭을 넓혀 주었으며, 여성주의 운동과의 공명은 현실 사회와 긴밀한 연결 고리를 지닌 분야로 자리 잡게 하였다. 그러나 한발 물러나, "여성사가 한국사를 보는 '관점과 방법'으로 제대로 녹아들어 있는가"라는 질문을 던지면 여전히 아쉬운 지점이 없지 않다.

여성사를 연구하는 역사학자들이 봉착하는 가장 큰 장애물은 여성 자신의 기록이 아니라 상류층 남성과 가부장적 국가에 의해 작성된 사료를 통해 접근할 수밖에 없다는 점이다. 한국사의 대부분 기간에 절대다수의 여성이 문맹이었기에 그들이 직접 남긴 기록은 거의 존재하지 않는다. 사료에 구속되기 마련인 역사학자들은 여성의 목소리를 직접 듣지 못한 채, 남성과 가부장적 국가의 발화를 통해 들을 수밖에 없다. 이는 부지불식간에 그들의 관점과 담론 속에서 여성들을 조명하는 위험에 놓이게 한다.

관점의 편향성은 서술의 평면성을 불러온다. 여성을 어떤 제도를 구성하는 하나의 요소로만, 또 정적인 존재로만 기술할 우려가 있다는 의미다. 간혹 이런 흐름에서 벗어나 활기 있게 서술되는 존재들은 시대와 공간을 초월하는 초인적 여성이거나 저항적 여성이었다. 너저분한 일상과 빡빡한 제도에 속박되어 살아가는 우리에게 그런 여성들은 그저 대단하거나 멀리 있는 존재로 느껴질 수밖에 없다.

이 책은 이러한 한계에 도전하기 위해 여성의 행위 주체성에 초점을 맞추었다. 시대와 공간, 사회구조와 제도에 속박된 여성들이 각자 어떠한 전략을 가지고 어떠한 행위를 했는지, 자기표현의 전략을 어떻게 수립하고 실천했는지를 추적하고자 한 것이다. "○○하다"는 바로 이를 함축한 제목이다.

책에 등장하는 수많은 여성 가운데 한국사라는 거대서사에 기록될 만한 이들은 없다. 개중에는 당대에는 위인으로 추켜세워졌지만 지금은 그저 구조와 이념의 피해자로 여겨지는 여성도 있고, 당대에 악녀로 일컬어졌으며 지금 눈으로 봐도 딱히 아니라고 하기 어려운 여성도 있다. 신분이나 계급적으로 다양한 부류가 등장함은 물론이다. 지금도 그렇듯 과거의 여성들도 이만큼 다양했다는 점, 다양한 시대와 사회적 조건 속에서 그들 모두가 각자의 꿍꿍이를 지니고 자기 나름의 전략을 구사하며 열심히 살았다는 점을 보여 주려는 필자들의 선택이다.

이 책에서는 당시 상황을 재구성한 허구적 서술을 적극적으로 시도하였다. 역사학자의 글은 딱딱하고 무미건조하다는 편견에서 조금이나마 벗어나고 싶기도 했지만, 무엇보다 그녀들의 목소리를 소환하여 좀 더 쉽게 널리 전달하고 싶다는 소망에서 그런 것이다. 다만 허구와 사료의 경계를 분명히 하기 위해 필자들이 각색한 부분은 본문이나 인용문과 다르게 편집했다. 어느 정도까지 허구적 재구성을 허락할 것인지는, 사료에 충실하라는 훈련을 받아 온 필자들에게는 꽤 큰 도전이었음을 고백한다.

흡인력 있는 수많은 여성의 이야기만큼이나 필자들이 그녀들의 목소리를 찾아내기 위해 시도한 방법론을 알아채 주었으면 하는 바람이다. 필자들은 사료의 행간, 사료와 사실의 균열 지점을 섬세하게 추적하고, 이를 통해 상류층 남성과 가부장적 국가의 기록이 담지 않은/못한 여성의 목소리를 드러내고자 했다. 그 과정에서 필자들도 늘 보던 사료에 대해 이전에는 생각지 못한 신선한 관점을 얻거나 새로운 독법을 깨우치기도 했다. 그런 점에서 이 책은 "여자, 역사하다"의 현장이기도 하다.

　필자들의 분투도 분투지만, 세련되고 아늑한 맛집과 회의 장소들이 없었다면 이 책을 완성하기 힘들었을 것이다. 바로 그곳에서, 동네 아주머니들이 모여 주전부리와 세상 소식을 나누던 누군가의 안방을 역사의 중요한 현장으로 호출할 영감과 용기를 얻었다. 멋진 책으로 다듬어 준 도서출판 푸른역사에 감사드리며, 출간한 책을 가지고 다시 모일 미래의 맛집과 새로운 수다를 기대한다.

필자를 대표하여

장지연 씀

"여성에게'도' 욕망이 있다"는 문장이 도발적 선언문이던 시절이 있었다. 욕망하는 여성은 팜므파탈이자 '징악'의 대상으로 조롱받던 그 시절, "좋은 여성은 천국에 가지만 나쁜 여성은 어디든 간다"는 외침은 사회를 뒤흔드는 거센 파도가 됐다. 곳곳에서 여성의 욕망을 인정하기 시작했다. 역사학도 예외는 아니었다. 남성이 욕망하는 '대상'으로만 묘사됐던 역사 속 여성들은 무언가를 욕망하는 '주체'로 거듭나며 목소리를 되찾았다.

그렇게 십수 년이 흘렀다. 여성에게도 욕망이 있다는 문장은 더 이상 도발적 선언문이 되지 못한다. 여성의 욕망을 인정 혹은 긍정하는 데에서 한걸음 더 나아가야 한다는 문제의식이 역사학 분야에서도 제기되고 있다. 이에 이 책은 여성·

욕망·역사를 어떻게 관계 맺음 할 것인가에 관한 세 여성 연구자의 치열한 고민을 담았다.

필자들은 특정 여성의 돌출된 욕망과 이에 대한 사회적 통제 위주의 서사를 지양하고, 욕망을 읽는 새로운 방법론을 모색하고자 했다. 자아실현의 욕망, 권력욕, 명예욕 등으로 여성이 품은 욕망의 스펙트럼을 넓혀 보고, 여성의 욕망에 투영된 시대성을 읽어 보았다. 욕망을 성취하기 위한 전략과 실제 성취 과정을 치밀하게 추적함으로써, 체제가 허용한 것을 영리하게 활용하기도 하고 때로 체제의 한계에 도전하기도 했던 여성들의 주체성을 복원해 보았다.

황향주의 〈여자, 바람피다〉는 고려 왕녀의 간통 사건을 추적하는 과정에서, 체제가 비정상이라고 규정한 욕망을 달성하기 위해 그 체제가 자신에게 허용한 것을 십분 활용했던 한 여성의 삶을 복원한다. 신성한 혈통의 구속력에 묶여 왕실 가계도 속 작은 점으로 남게 되는 것을 거부한 한 왕녀의 삶을 통해, 중세의 젠더 구조를 조망하는 한편 구조에 맞선 한 여성의 숨결을 느껴보고자 한다.

이민정의 〈여자, 저주하다〉는 조선 후기 인조의 후궁 조귀인이 정치적 욕망을 실현하기 위해 무속의 저주라는 양날의 검을 활용했던 사례를 분석한다. 그녀에 대한 악녀화가 젠더화된 구조에서 양산된 클리셰임을 지적하며, 남성의 전유물이던 조선의 정치 지형에서 자신의 방식대로 욕망을 실현하고자 한 조 귀인의 삶을 재평가한다.

장지연의 〈여자, 수절하다〉는 조선 후기 과부살이와 자살을 단행한 열녀들의 욕망을 고찰한다. 그녀들의 욕망을 신분이라는 조건과 교차 검토함으로써 사대부 남성의 열녀 담론에 균열을 내고, 남성들의 시선을 답습해 조선 후기 열녀의 행적을 분석해 왔던 기성 역사학의 시선을 비판적으로 고찰한다.

황향주 씀

# 여자,
# 바람피다

황향주

여자,
바람피다

12세기. 고려가 건국된 이래 200년이 흐른 시점이었다. 중국이었다면 한 왕조가 끝맺음하기에 충분했을 그 시간을 지나는 동안 고려에서도 수도의 기운이 쇠했다는 둥 다른 성씨가 왕이 될 것이라는 둥 불온한 소문이 사회 곳곳에서 들려왔다. 누구누구의 난으로 지칭되는 정치적 격변을 연달아 수습하며 중흥을 꾀하던 고려 왕실이었으나, 이는 찢긴 누비옷의 솜을 애써 안으로 욱여넣어 엉성한 바느질로 기워 낸 수준에 불과했다. 특히 제18대 왕 의종(1127~1173·재위 1146~1170)의 치세는 많은 사람에게 인고의 시간이었다. 결국 사회 기층의 억눌린 욕망이 터져나와 무신정변이 발발했다. 의종은 폐위되고 그의 친동생이 즉위했다. 왕실은 여전히 국왕을 배출할 수 있는 원천 집단이었으나, 그렇게 배출된 국왕은 무신 집정자들의 성성한 기세에 압도된 상태로 국정을 운영해야 했다.

이제는 전과 같지 못하리라. 왕실의 작은 흠결이 나비효과를 일으켜 왕실의 존재가치마저 부정당하게 만든다면 왕씨의 왕조 고려는 생존하지 못하리라. 살얼음판을 걷던 고려 왕실에 불미스러운 소식이 들려온다. 소문의 진원은 안정궁주. 국왕의 고귀한 딸이었으나 위기의 왕실을 다시 한번 진창에 빠뜨린 자.

이 글은 안정궁주의 간통 사건을 다룬다. 고려 왕녀의 간통이라니! 누군가는 "역시 고려 여성은 자유분방했어"라며 특별할 것 없다는 식으로 넘길지도 모른다. 그런데 이 글은 단순히 '그녀가 간통했다'는 사실에 초점을 맞추지 않는다. 간통은 늘, 어디서나 발생한다. 중요한 것은 일탈적인 성적 욕망을 양산해 내는 여러 요인이다. 때로는 국가, 제도, 관습 등이 뒤엉켜 개인의 욕망을 자극한다. 그것을 들여다보면 한

시대의 구조적 면모가 포착될 때도 있다. 고로 이 글은 '그녀는 왜 간통하게 되었는가'를 탐구한다. 왕실의 신성한 혈통과 지위를 보존하기 위해 안정궁주가 짊어졌던 멍에를 추적하는 과정에서 고려 왕실의 냉혹한 생리를 보게 될 것이다. 동시에 고려 왕실이 쌓아 올린 영예의 신전에 고결한 한 점의 벽돌로만 남고 싶지는 않았던 한 여성의 뜨거운 숨결과 몸부림에 닿게 될 것이다.

# 12세기
## 경성 스캔들

"입궐……하셔야 할 것 같습니다."

말을 전하는 이는 민망한 듯 말끝을 흐리면서도 소문의 주인공을 눈앞에 둔 흥분을 노골적으로 눈빛에 담아 냈다.
두 눈을 질끈 감는다. 드디어 올 것이 왔구나. 너덜너덜해진 마음을 미처 추스를 새도 없이 밤낮으로 가솔들을 단속했지만, 아랫것들의 입은 사시나무보다 쉽게 나풀거렸다.

"대체 집안 관리를 어떻게 한 것이야!"

어전에 발을 들이기도 전에 노기 가득한 음성이 내리친다. 평상시의 폐하가 아니다. 종친에게 관대하고 온화하기로 유명하셨던 그분이 나에게 날것 그대로의 분노를 쏟아 내고 계시다.

"네놈이 얼마나 덜떨어졌으면, 궁주가 천한 악공 따위와……! 네놈 때문에 왕실이 얼마나 우스워졌는지 아느냐? 봐라, 저 승냥이 같은 장군들을. 이 고려의 황제가, 우리 태조의 후손들이 낯짝을 들지 못할 그날만을 바라고 있는 저것들을! 네놈은 어쩌자고 일을 이 지경으로 만든 것이야? 꼴도 보기 싫다, 고얀 놈. 작위를 박탈하고 당장 내 앞에서 저 녀석을 치워 버려라."

서릿발 같은 노기는 두 발을 얼려 버렸다. 어서 이 자리를 벗어나야만 한다고 수없이 되뇌었지만 이 몸은 이미 나의 것이 아닌 듯하다.

"영공, 모시겠습니다."

환관의 손이 이끄는 대로 비척비척 걸어가는 몸뚱이를 관조하며 생각하고 또 생각해 본다. 언제부터였을까, 나의 삶이

지옥길로 접어든 것은. 그녀의 마음을 얻기 위해 거문고 선생 가영을 소개한 그날? 아니면 혼례식장에서 그녀의 냉랭한 눈빛을 마주하고도 애써 모른 척했던 그날?

12세기 말, 고려의 황도 개경을 뒤흔든 스캔들이 벌어졌다. 이른바 안정궁주 간통 사건이다. 의종의 둘째 딸 안정궁주가 당시 천한 신분으로 취급되던 악공樂工과 세기의 간통을 저지른 것이다. 거문고를 가르치는 악공과 왕녀의 신분을 초월한 사랑이라니, 현대인들에게도 먹힐 로맨틱한 소재다. 아무리 틀어막아도 소문은 일파만파 퍼져 절대 닿지 말아야 할 곳에 이르렀다. 앞의 장면은 바로 이 사건의 풍경 하나를 각색한 것이다. 단, 비련의 주인공은 함녕백 박으로 해서.

안정궁주의 남편 함녕백 박, 그의 본명은 왕박이다. 이름에서 짐작되듯 왕씨 성을 가진 고려의 종친이었다. 함녕백은 '함녕(현 경남 고령)에 봉작된 백작'을 의미한다. 쉽게 말해 함녕백은 조선시대의 양녕대군이나 광해군같이 종친의 공식적인 지위를 보여 주는 작위다. 로맨스 판타지에 흔히 등장하는 공작·후작·백작은 고려시대에도 종친들의 작위로 널리 활용됐다. 그리고 함녕백 박과 같이 고려의 종친은 공식적인 작위를 가진 경우 '작위+이름'으로만 지칭됐다. 왕씨라는 성을 붙여 지칭하지 않는 건 왕실의 권위를 드러내기 위한 예우였다.

왕박은 대대로 왕녀의 남편들을 배출한 명망가의 차남이었다. 그의 형 신안후 성은 제17대 왕 인종(1109~1146·재위 1122~1146)의 셋째 딸 창락궁주와, 동생 연창공 평은 의종의 첫째 딸이자 안정궁주의 언니였던 경덕궁주와 각각 혼인했으니, 그 뒷배의 든든함을 누가 감히 의심할 수 있었으랴. 한 집안의 삼 형제 모두가 왕녀들을 부인으로 맞이한 예는 지금까지 어떤 종친 가문에서도 확인된 바 없다.

하지만 안정궁주의 간통이 발각된 순간, 왕박은 어떠한 보호도 기대하지 못한 채 발가벗겨졌다. 당시 국왕이었던 제19대 왕 명종(1131~1202·재위 1170~1197)은 왕박에게 집안을 제대로 다스리지 못한 죄를 운운했다. 매사에 종친을 의심하고 괴롭히던 친형 의종과 달리 명종은 종친에게 온화한 사람으로 정평이 나 있었다. 그러나 적어도 왕박에게 명종은 심약하고 잔정 많은 국왕이 아니었다. 명종은 왕박에게 모든 책임을 떠넘기며 안정궁주의 간통 사건을 무마했다. 왕박은 부인의 간통을 방조 혹은 조장했다는 어이없는 죄목으로 함녕 백이라는 작위를 박탈당한 채 치욕의 시간을 보냈다. 피해자 가 가해자로 둔갑해 버리는 순간이었다.

# 족보가
# 꼬였다


안정궁주. 국왕의 둘째 딸로 태어나 평생 고귀하게 살아왔을 그녀는 왜 가영이라는 천한 악공을 사랑하게 되었을까? 아니다. 사랑은 교통사고 같은 것이라고 하니 그녀가 가영을 사랑한 이유보다는 왕박을 사랑하지 않았던 이유를 찾는 편이 더 빠를 것이다. 하지만 사료는 그 답을 주지 않는다. 고려시대에 역사 기록을 담당하던 관리들이 개개인의 사랑놀음까지 기록할 만큼 한가하진 않았을 테니, 우리는 그저 여러 정황을 통해 왕박과 안정궁주의 잘못된 만남이 어디서 비롯됐는지 추론할 수 있을 따름이다.

안정궁주와 왕박에 관해 전해지는 사실 가운데 8할은 그들의 가족과 관계되어 있다. 우리는 여기에 천착할 수밖에 없다. 둘의 태생, 그리고 악연의 시작점.

우선 안정궁주 사건의 최대 피해자였던 왕박에 대해 살펴보자. 아마도 눈썰미가 좋은 사람이라면 이미 안정궁주의 남편 왕박과 그의 가족 관계에 대한 서술에서부터 어딘가 모를 찝찝함을 느꼈을 것이다. 왕박의 형 신안후는 인종의 사위였다. 인종은 안정궁주의 아버지인 의종과 명종, 그리고 신안후의 부인 창락궁주를 포함하여 총 5남 4녀를 두었다. 즉 신안후는 왕박의 형이자 처고모부였다. 여기서 그치지 않는다. 왕박의 동생 연평공은 그의 '손위' 동서였다. 연평공의 부인 경덕궁주가 의종의 첫째 딸이었고, 안정궁주는 그다음이었다. 둘은 엄마까지 동일한, 문자 그대로의 친자매였다.

"족보가 꼬였다." 왕박 삼 형제의 상황을 가장 잘 드러낼 수 있는 관용어는 이것밖에 없다. 왕박의 집안은 국왕들과 엮이며 족보가 꼬일 대로 꼬여 버렸다. 겹사돈이라는 말로도 충분하지 않은 기괴한 혼맥, 그리고 혼인으로 180도 달라져 버린 형제간의 서열을 떠올려 보자. 문득 삼 형제가 한자리에 모인다면 서로 어떤 호칭을 사용했을까 하는 작은 의구심이 들게 된다.

한 집안의 삼 형제 모두 왕녀들의 남편으로 간택된 경우는 고려에서도 이례적이었다. 비결이 무엇이었을까. 왕박 삼 형제에게 왕녀의 마음을 자극하는 특별한 매력이라도 있었던 것일까. 가능성을 아예 배제할 수는 없겠으나, 외모·인품과 같은 개별적 요소보다는 우선 신분·정략혼 등과 관계된 그 시대의 구조에 초점을 맞추어 이 현상을 설명하는 것이 역사학의 묘미일 것이다.

사실 왕박 삼 형제는 태어난 순간부터 고려 국왕들의 예비 사위로 이름을 올렸다. 고려는 그런 나라였다. 역대 국왕의

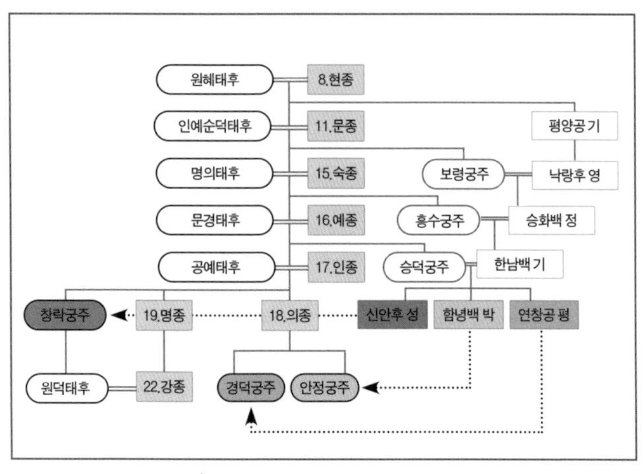



왕박 가문의 혼맥도

왕자와 왕녀들이 낳은 아들의 상당수는 후대 국왕의 왕녀나 손녀를 아내로 맞이했다. 현종 왕자 평양공 기로부터 이어져 온 왕박의 증조할아버지, 할아버지, 아버지 모두 왕녀들과 혼인하며 왕가의 명맥을 이어 왔다. "아브라함이 이삭을 낳고 이삭이 야곱을 낳았으니"로 시작되는 성경의 한 구절처럼, 태초에 현종의 손자였던 낙랑후 영과 그의 사촌인 문종 왕녀 보령궁주가 혼인했고, 둘의 소생이었던 승화백 정은 숙종 왕녀 흥수궁주와 혼인했으며, 그 아들 한남백 기는 예종 왕녀 승덕궁주와 혼인하여 왕박 형제들을 낳았다. 즉 낙랑후에서 왕박 형제들에 이르는 직계 남성들은 모두 역대 고려 국왕들의 손자이자 사위였다.

따라서 인종 왕녀 창락궁주의 남편으로 왕박의 형 신안후가 간택된 것은 누구나 예상할 법한 일이었다. 낙랑후, 승화백, 한남백 모두 사촌 관계의 왕녀들과 혼인해 왔다. 보통의 사촌지간은 부부가 되기 적당한 나이 차를 갖기 때문이다.

그로부터 수년의 시간이 지나 또다시 이 집안에 부마 간택령이 내려왔다. 딸뻘의 막둥이 여동생까지 혼인시키며 맏이로서의 책임을 완수한 의종은 이제 아버지로서의 책임을 다하고자 종친 명부를 샅샅이 훑어 보았다. 첫째 딸 경덕궁주의 남편감을 고르는 일은 결코 녹록하지 않았다. 의종의 조카들 가운데에는 경덕궁주의 짝이 될 만한 남성이 없었다. 남자 조카 가운데 최연장자인 왕숙—훗날의 제22대 왕 강종(1152~1213·재위 1211~1213)—이 열한 살에 불과한 상황. 장성한 딸을 꼬마 신랑과 맺어 줄 수는 없지 않은가. 의종은 경덕궁주와 연령대가 맞는 종친을 찾아 명부를 뒤졌고, 마침내 어느 한 페이지에 시선을 고정했다. 의종의 눈길은 다시 한 번 왕박 형제들, 즉 자신의 고종사촌들을 향했다.

1162년 어느 날의 동트기 전 새벽.

예종의 첫째 딸 승덕궁주가 사는 집은 궐에서 보낸 관리들과 집안 가솔들로 북적댔다. 며칠에 걸쳐 진행될 국혼은 국왕의 사위로 간택된 자가 공주를 모시러 가기에 앞서 부모님께 자랑스러운 임무를 보고하는 일로부터 시작됐다. 새벽부터 손님을 맞이하여 나라가 정한 예법대로 술잔을 주고받고 절을 받던 승덕궁주는 감격에 겨운 표정으로 아들을 지그시 바라보았다.

"가서 정숙한 공주를 맞아 우리 종친에게 은혜가 되게 하시게."

"엄하신 분부를 잘 받들겠습니다."

승덕궁주의 집에서 치러지는 예식은 늦은 오후가 되어서야 끝이 났다. 국왕이 보낸 화려한 행렬을 대동한 채 새신랑은 공주를 만나기 위해 집을 나섰다. 가는 곳마다 장관을 보려는 구경꾼들이 몰려들었다. 며칠 전부터 개경 전역은 오랜만에 치러지는 국혼으로 떠들썩했다.

"승덕궁주님 댁에서 또 임금님의 사위가 나왔네."

"무려 지금 임금님의 맏사위야, 맏사위. 사랑을 듬뿍 받겠네. 아, 부럽다."

"궁주님께 아드님이 둘 남아 있지 않았어? 이번에 장가가는 분이 두 번째 아드님 맞지?"

"허, 이 사람 보게. 어디 가서 함부로 그 얘기 하지 말게나. 괜히 경을 칠라."

세간의 정보에 어두웠던 이들은 새신랑의 정체에 대해 듣고 일제히 입을 다물었다. 동시에 그들의 눈빛은 짓궂은 호기심을 담아 빛나기 시작했다. 방금 지나간 새신랑의 얼굴을 훔쳐 보기 위해 까치발을 하는 이들도 더러 보였다.

'대체 얼마나 잘난 인물이길래…….'

같은 생각을 담은 시선들이 국혼장을 향하고 있었다.

잠시 뒤, 새신랑이 만면에 미소를 머금고 경덕궁주의 앞에 섰
다. 왕박의 동생 왕평이었다.


제16대 왕 예종의 외손주라는 이유로 약관을 전후하여 정
1품 명예직 '사공'을 제수받았던 왕평은 이 혼인을 계기로
제후왕 연창백이 되었다. 제후왕에 해당하는 공작·후작·백
작과 그 밑의 사도·사공은 같은 종친이더라도 급 자체가 달
랐다. 고려에서는 왕실 작위를 보유한 공작·후작·백작과 사
도·사공을 '제왕諸王'으로 통칭했지만, 실제 현실에서 후왕
侯王으로 지칭되고 관료들로부터 '전하' 소리를 들으며―조
선시대 전하는 국왕에 대한 존칭이었으나, 고려시대 국왕에
대한 존칭은 황제의 존칭인 '폐하'였다―독자 관청과 관료
를 거느릴 수 있었던 것은 공작·후작·백작뿐이었다. 국왕의
직계가족에 편입되지 못했기 때문에 여전히 사공에 머물렀
던 왕박은 왕실의 논리에 따라 왕평보다 하위의 존재가 되었
다. 노골적으로 말해서 왕박은 친동생 왕평에게 밀렸다.

같은 부모에게서 태어난 삼 형제였다. 형과 동생은 되고, 왕박은 안 됐던 이유가 무엇이었을까. 고귀한 혈통이라면 왕박 또한 보유하고 있었다. 그러나 세 딸의 개혼開婚을 앞두고 노심초사하던 국왕과 왕후는 미혼이었던 왕박을 과감히 건너뛰고 그의 동생을 택했다. 의종 부부에게 왕박은 선뜻 첫 번째 사위로 삼고 싶지는 않은 인물이었던 듯하다. 적어도 의종 부부의 이상적 부마상에는 왕평이 더욱 걸맞았다.

의종과 그의 고모 승덕궁주는 왕박의 체면을 구겨 버리는 이 역혼逆婚에 원만히 합의했다. 국왕과 종친의 긴밀한 결속, 왕실의 번영을 상징하는 국혼은 왕박의 감정과는 무관하게 성대하게 치러졌다. 그로부터 다시 일 년의 시간이 흘렀다. 갑자기 지금까지 등장한 이 모든 인물들에게 얄궂은 운명의 장난이 시작된다. 덜 매력적인, 덜 이상적이었던 왕박이 결국 의종 부부의 2녀 안정궁주와 맺어진 것이다. 이때부터였으리라. 안정궁주의 비극이 싹튼 시점은.

# 고려의
# 이상적 부마상

정략혼과 근친혼이라는 두 단어를 들으면 떠오르는 한 가문이 있다. 바로 중세 유럽의 합스부르크가다. 세밀한 묘사와 독창적 구도가 돋보이는 이 가문의 초상화들 덕분에 현대 한국인들은 유럽의 많은 귀족 가문 가운데 유독 합스부르크가에 친숙함을 느낀다. 그런데 이 명문가의 초상화는 시대의 비극을 담고 있는 것으로 유명하다. 초상화 속 주인공들은 선대의 반복된 근친혼으로 '주걱턱'을 비롯한 심각한 유전적 결함을 안고 태어났다고 알려져 있다. 주걱턱은 가시적으로 확인되는 한 가지 병증에 불과하다. 성적 불능, 지적 장애, 불임 등 근친혼으로 빚어질 수 있는 온갖 최악의 결과가 합스부르크가에 반복적으로 나타났다.

합스부르크가 여성들에게는 신체적 문제 외에 추가로 감내해야 할 시련이 있었다. 그것은 바로 몰인정적인 정략혼이다. 유명한 〈마리아나 데 아우스트리아의 초상〉, 〈시녀들〉에 등장하는 두 합스부르크가 여성들은 각각 29세와 11세 연상의 숙부와 혼인했다. 〈마리아나 데 아우스트리아의 초상〉은 주인공 마리아나의 혼인 시점으로부터 3년 뒤 제작되었으나 초상화 속 그녀의 얼굴에서 신혼의 단꿈은 느껴지지 않는다. 〈시녀들〉은 마리아나의 딸이었던 마르가리타 테레사를 주인공으로 하는데, 이 또한 마르가리타와 11세 연상인 숙부의 혼인이 이야기되는 과정에서 제작된 것이라고 하니, 그림을 보는 마음이 썩 편할 수만은 없다.

귀족과 왕실이 정략혼을 고집하는 현상은 전근대 어느 사회에서나 나타났다. 정치적 이해관계는 나이, 외모 등 많은 고려 조건에 우선했다. 특히 여성들의 경우, 가임기 문제로 혼인 연령대가 남성에 비해 제약되었기 때문에 연상의 배우자를 맞이해야만 하는 불편한 상황은 대체로 여성의 몫이 되곤 했다. 그런데 고려는 몽골의 영향권에 들기 전까지는 비

디에고 벨라스케스, 〈마리아나 데 아우스트리아의 초상〉.

두 초상화는 오스트리아의 왕녀이자 스페인 왕비였던 마리아나와 그녀의 딸 마르가리타를 그린 것이다. 17세기 유럽의 여러 나라를 통치하던 합스부르크 왕가는 왕위계승권의 분산을 방지하기 위해 근친혼을 거듭했는데, 두 여성은 누적된 근친혼의 결실이면서 각각이 정략적 근친혼의 수행자였다. 합스부르크 왕가의 인물들은 근친혼에서 비롯된 유전적 결함으로 성적 불능, 지적 장애, 외모 변형 등을 보이는 경우가 많았다. 일명 '합스부르크의 턱'으로 불리는 주걱턱 현상은 합스부르크 왕가의 대표적인 유전병이었으며, 두 여성의 초상화에서도 그 기미가 발견된다.

디에고 벨라스케스, 〈시녀들〉.

합스부르크 왕가만큼 근친혼을 거듭한 고려 왕실에서도 유전병이 발생했을 가능성이 높지만, 사료상 특별한 신체적 징후는 확인되지 않는다. 왕실 가계 기록을 통해 불임률이 높았다는 사실만 확인할 수 있다. 왕실의 유전병이 실제로 없었던 것인지 아니면 사관들이 고의적으로 기록을 남기지 않은 것인지 현재로서는 알 수 없다.

* 출처: 프라도 미술관 소장.

교적 '온정적'인 정략혼을 추구했다는 점에서 특색이 있었다. 후계자 생산이 시급한 국왕을 제외하면 나머지 왕실 일원들은 대체로 비슷한 나이대의 배우자를 맞아 적어도 겉보기에는 '해로'했다. 특정 인물을 배제할 경우 어떠한 선택지도 남지 않아서, 평생 독신으로 살 것인지 아니면 나이 차를 감수하고도 배우자로 맞이할 것인지 양자택일해야만 하는 극단적 상황을 제외한다면.

아마도 왕박이 동생에게 밀리게 된 가장 결정적 이유는 그와 경덕궁주의 나이 차 때문이었던 것으로 보인다. 왕박의 형 신안후는 1150년대 초반 인종의 셋째 딸 창락궁주와 혼인했다. 1130년대 중후반에 출생한 두 사람은 부부가 되기에 적당한 나이 차였다. 그로부터 10년 남짓한 시간이 지나 1162년 창락궁주의 조카 경덕궁주가 혼인하게 된다. 나이 차를 볼 때 신안후의 바로 아래 동생인 왕박보다는 막냇동생 왕평이 경덕궁주의 상대로 적합했을 가능성이 크다.

왕녀가 제 또래의 짝을 만나 오랜 시간 해로하며 왕실의 자손을 번성시켜 주는 것이 국왕과 왕후에게는 최고의 기쁨이었으리라. 더욱이 첫 번째 왕녀가 낳은 아들은 의종의 왕태자(효령태자), 즉 차기 국왕의 사위가, 딸은 차기 국왕의 며느리가 될 가능성이 컸다. 이에 첫 번째 사위를 간택하는 일에 누구보다 신중했을 국왕과 왕후는 왕박이 아직 제 짝을 찾지 못한 상태였음에도 그를 '스킵'하는 과감한 결정을 내렸다.

나이라는 치명적 약점을 극복할 만한 매력을 갖고 있었다면 왕박은 동생에게 선수를 빼앗기지 않았을 수도 있다. 그러나 안타깝게도 왕박에게 특출난 장점은 없었던 것 같다. 조선 조정에서 고려시대 역사를 정리하여 발간한 《고려사》라는 책을 보면, 국가의 공식 역사서임에도 종친들의 외모나 성품에 대한 직설적인 평가를 종종 확인할 수 있어 이목을 집중하게 된다. 그런데 이런 부수적 기록이 남아 있는 인물들은 주로 왕녀의 남편들이었다. 국왕의 사위들에 대한 찬사를 분석해 보면 대체로 '용모가 수려하다', '성품이 온화하다', '총명하다'는 평이 주를 이루었다. 일례로 인종의 첫 번째 사위 공화백 영은 성실하고 인정이 많은 사람이었다고 전해지고, 그의 아들이자 훗날 의종의 막냇사위가 되는 광릉후 면은 선하고 인자했다고 평가됐다. 명종의 첫 번째 사위 영인후 진에 대해서는 용모가 빼어났다는 노골적인 외모 평이 전해지고 있으니, 대체 그 용안이 어떠했는지 궁금해지기까지 한다.

이처럼 왕녀와 엇비슷한 나이대의 남편감이 여러 명 존재할 때 외모와 성품까지 고려해 가며 사윗감을 엄선하던 고려 왕실이었으니, 나이 많은 왕박이 웬만한 매력으로 이번 간택에서 승부를 보기는 어려웠을 것이다. 역사는 왕박의 외모나 성품에 대해 함구한다. 때때로 침묵은 많은 것을 내포한다.

세간에 누누이 회자되었던 1162년의 국혼은 왕박에게 악몽과도 같은 사건이었다. 경덕궁주와 아우 왕평의 혼례를 바라보던 왕박은 왕녀와의 영예로운 혼인 기회가 다시는 주어지지 않을 것이라는 좌절감에 몸서리쳤으리라. 두 명의 왕녀가 남아 있으나 그녀들과의 나이 차는 경덕궁주보다도 컸다. 이번에 자신을 탈락시킨 국왕과 왕후가 다음번 간택에서는 자신을 선택할 수도 있다고 믿는 것은 허황된 꿈이었다.

그러나 미래는 예상대로 흘러가지 않는 법이다. 1163년의 국혼일, 왕박은 화려한 예복 차림으로 국혼장에 우뚝 섰다. 지난해 아우 왕평이 만인의 축복을 받았던 자리에서 왕박은 뒤늦은 행운을 만끽하며 핑크빛 미래를 꿈꿨다. 그의 옆에는 의종의 차녀 안정궁주가 있었다. 혼례식 내내 새신랑의 눈을 한 번도 쳐다보지 않는 냉랭한 표정의 안정궁주와 세상이 다 제것인 양 함박웃음을 짓는 왕박의 표정은 오싹할 정도로 대비됐지만, 국혼장에 있는 모든 이들은 애써 불편한 진실을 외면하고 있었다.

불행하게도 의종 부부에게는 다른 선택지가 없었다. 인종의 5남 4녀 가운데 맏이였던 의종은 동생들과 나이 차가 컸다. 자연히 그 자식들도 사촌 그룹에서 연장자에 속했다. 1163년 당시 의종의 남자 조카들—왕숙(훗날의 강종)과 광릉후 면—은 10대 초반에 불과했다. 이들은 의종의 막내딸 화순궁주의 국혼 시기에 이르러서야 비로소 부마 후보자 명단에 이름을 올릴 수 있었다. 실제로 광릉후 면은 화순궁주의 남편으로 간택되었다. 결국 안정궁주의 혼사를 앞두고 마땅한 조카를 찾지 못했던 의종은 경덕궁주 때와 마찬가지로 자신의 사촌 형제 집안으로 눈길을 돌렸다.

언니의 남편감으로 거론되었다가 탈락한 인물을 배우자로 맞이해야만 했던 안정궁주의 심정을 헤아려 보자. 어쩌면 안정궁주는 자신의 남편감을 찾는 일이 결단코 녹록하지는 않으리란 사실을 이미 직감하고 있었을지도 모른다. 부왕 의종에게는 왕박 삼 형제를 제외하면 사촌 형제가 없었다. 인종이 예종의 외동아들이었기 때문에 의종은 친사촌을 두지 못했다. 의종이 믿을 곳은 그의 고모, 즉 예종 왕녀의 집안밖에 없었는데, 그나마도 두 명 있는 고모 가운데 막내 고모 흥경궁주가 아들을 두지 못했으므로 의종의 남자 사촌은 승덕궁주 소생이었던 왕박 삼 형제뿐이었다.

그럼에도 안정궁주는 자신의 부모가 굳이 삼 형제의 막내인 왕평을 언니 경덕궁주와 혼인시키고 왕평에게 밀린 왕박을 자신의 짝으로 간택할 것이라고는 꿈에도 생각하지 못했을 것이다. 그녀는 경덕궁주와 왕평의 혼인으로 예종의 손자 세대에서 적당한 배우자를 찾기 어렵게 되었으니, 비록 촌수는 멀어지겠지만 예종보다 더 위로 올라가 숙종의 증손자 혹은 그 이전 국왕들의 먼 후손들 가운데서라도 부모가 이상적인 상대를 찾아 줄 것이라고 기대하지 않았을까. 고모 영화궁주(인종의 넷째 딸)가 숙종의 증손자와 혼인한 전례도 있었으니, 충분히 점쳐 볼 수 있는 가능성이었다. 또는 아직 10대 초반인 사촌 형제들이 좀 더 장성하길 기다렸다가 안정궁주와 연하남의 혼인을 추진하는 방법도 있었다. 경덕궁주의 혼인 이후로 안정궁주의 머릿속에서는 온갖 상상의 날개가 펼쳐졌으리라.

그러나 결과는 처참했다. 안정궁주는 왕박과 혼인했고, 경덕궁주와 왕평의 나이 차보다 안정궁주와 왕박의 나이 차가 훨씬 벌어지게 되었다. 도대체 의종 부부가 왜 이런 선택을

한 것인지 정확한 이유는 알기 어렵다. 역대 국왕들의 후손들, 예컨대 숙종의 증손자 가운데서 마땅한 인물을 발견하지 못했을 수도, 혹은 점찍어 둔 인물이 있었으나 질병·요절 같은 예상치 못한 변수가 발생했을 수도 있다. 의종과 왕후가 혈통의 논리를 앞세웠을 가능성도 무시할 수 없다. 예종의 외손자 왕박이 미혼 상태로 남아 있는데 굳이 옛 국왕들의 먼 후손들로 거슬러 올라가 혈통의 격이 떨어지는 고만고만한 사윗감을 맞이할 필요는 없다고 판단했을 수도 있다.

경덕궁주보다 어린 안정궁주가 나이 차 혹은 그보다 더욱 치명적인 단점을 가지고 있었을 가능성이 있는 왕박과 혼인하게 되었으니, 부부의 앞날은 시작부터 삐그덕거릴 수밖에. 의종과 왕후가 어떠한 명분을 내세웠든 안정궁주는 이 결혼 자체를 차별의 결과라고 생각했을 것이다. 혈통의 논리가 중요했다면 나이순대로 왕박을 경덕궁주의 남편으로, 왕평을 안정궁주의 남편으로 삼았으면 그만이다. 안정궁주가 느끼기에 정략혼의 비극은 오로지 자신에게만 부과된 것 같았다. 가영과의 간통 사건을 벌인 1175년까지 그녀가 왕박과 함께 보낸 12년은 어떤 시간들이었을까.

# 얻는 게 있으면
# 잃는 것도 있는 법

잠시 근본적인 질문을 해 보자. 애당초 의종은 왜 이렇게 부마 후보군을 좁게 잡았던 것일까. 당시 고려에는 쟁쟁한 관료 가문들이 있었다. 의종의 어머니 공예태후의 집안만 하더라도 다산으로 유명했다. 문종, 순종, 선종, 예종의 왕후들을 대대로 배출한 이자연 집안은 어떠한가. 이자연 집안도 공예태후의 집안을 능가하는 생산력을 보유하고 있었다. 이 시기 고려의 고위관료층 가운데 이자연 집안과 친인척으로 엮이지 않은 인물을 찾는 것이 어려울 정도였다. 그러나 왕녀들의 남편감을 간택하는 과정에서 그 집안은 단 한 번도 언급되지 않았다. 그렇다. 고려시대 왕녀의 남편은 같은 왕실 소속, 왕씨여야만 했다.

조선 후기 항간에는 이런 소문이 돌았다.

태조 왕건은 용의 자손이라 겨드랑이에 비늘을 갖고 태어났다. 그 피가 다른 가문으로 전해질까 두려워 태조는 자기 왕자와 왕녀를 서로 혼인시켰다.

고려 왕실은 지독하게 근친혼에 집착했다. 아마도 그 집착의 이유를 풀지 못했던 사람들이 위와 같은 나름의 합리적(?) 추론을 시도하여 조선 후기까지 전했던 것으로 보인다. 덕분에 용의 비늘에 관한 괴이한 설화는 현대에 이르러 고려 왕실을 이미지화하는 데 동원되기도 했다. 수십 년 전 제작된 드라마 〈용의 눈물〉에서는 우왕이 자신을 신돈의 아들로 칭한 이성계 앞에서 양팔을 번쩍 들어 올려 자신이 공민왕의 아들인 증거를 보였다. 그의 겨드랑이에는 누가 보아도 유성 마카로 대충 끼적인 것 같은 비늘 그림이 있었는데, 그 그림이 너무나도 조악하여 당시 시청자들에게 적지 않은 충격을 주었다. 비교적 근래에 제작된 드라마 〈정도전〉에서도 용의 비늘 설화는 알차게 활용되었다. 출신·혈통에 대한 의혹 속에서 우왕이 용손龍孫임을 증명하려는 목적으로 용의 비늘 모양으로 상체에 화상을 입히며 히스테릭한 반응을 보인 장면이 연출된 바 있다. 이 모두가 작가적 상상에서만 비롯된 것은 아니다. 조선 후기 유학자 이종휘의 《수산집》에 위와 같은 이야기가 수록되어 있으니 말이다.

신분제 사회의 지배층은 일정한 범위 안에서 권력을 독점하고 영속시키고자 한다. 따라서 동·서양을 막론하고 혼인과 출산 문제에 민감하지 않았던 지배층은 없다. 나의 자식이, 친척이, 혹은 배우자가 하위계층의 신분 상승 욕망을 충족시키기 위한 도구로 활용되는 것을 예방하기 위해 전근대 신분제 사회에서는 사랑과 혼인에 관한 정교한 통제의 기술을 발달시켜 왔다. 세계 각지에서 귀족과 왕실은 믿을 만한 혼인 파트너를 선택해서 순혈의 후계자를 생산하는 것을 일생의 중요한 임무로 여겼다. 그리고 근친혼은 검증된 혼인 파트너를 확보할 수 있도록 하는 최적의 방법이었다.

근친혼은 고려에서만 발견되는 혼인 문화가 아니다. 신라에서도, 중국의 황실에서도 근친혼은 성행했다. 다만 중국의 경우 자식은 부계로 편적된다는 확고한 원칙 때문에 다른 가문으로 시집간 딸의 자식들은 다른 부계 가문 소속으로 간주되었다. 친손들이 '나'의 후손으로서 권리와 의무를 승계한 반면 외손들은 타 가문의 후손으로서 그곳의 권리와 의무를 승계했으며, 많은 경우 친손의 혼인 파트너로 지목되었다. 따라서 중국 지배층 사회에서도 부부의 관계가 외사촌-고종사촌으로 근친인 사례들이 종종 확인되지만, 엄밀히 말해서 이러한 유형의 혼인은 서로 다른 부계 가문들 간의 정략혼으로 인식되었다. 부계 사회에서 외사촌-고종사촌은 같은 가문 소속으로 간주되지 않았으므로 중국인들은 이와 같은 혼인을 근친혼—중국 사서나 경전에서는 '동성혼同姓婚'이라는 용어를 사용—으로 규정하며 혐오하지 않았다.

고려는 중국과 달랐다. 고려에서 딸은 출가외인이 아니었다. 딸뿐만 아니라 외손과 사위 또한 가문의 구성원이었다. 이들은 권리와 의무에 대한 정당한 승계 자격을 주장할 수 있었고, 이는 공적 영역에서도 마찬가지였다. 이러한 사회구조의 기원은 최소한 신라로 거슬러올라간다. 신라에서는 왕위가 사위나 외손에게 계승된 사례를 심심치 않게 발견할 수 있다. 심지어 딸이 계승한 사례도 있어, 신라에서는 세 명의 여왕을 확인할 수 있다. 고려와 신라는 부계 사회인 중국과 근본부터 달랐다.

고려가 국왕의 사위로 왕씨만 집착한 이유는 위와 같이 한국 고유의 사회 구조가 부계적이지 않았던 사실과 밀접하게 연관된다. 조선 전기까지 한국 사회에서는 '남귀여가', 즉 신랑이 부인의 집으로 들어가서 혼인한 뒤 장인·장모와 함께 사는 문화가 일반적이었다. 부모의 봉양은 딸들의 몫이었고, 딸과 사위의 봉양을 받는 부모들은 외손을 양육하며 끈끈한 유대 관계를 형성했다. 의무는 권리를 수반하는 법이었으므로 재산 상속 과정에서 딸과 외손들은 정당한 몫을 주장할 수 있었다. 주장하지 않더라도 부모가 알아서 딸과 외손들 몫을 챙겼다.

신사임당의 사례가 대표적이다. 많은 사람들이 강릉 오죽헌이 그녀의 친정집이었다는 사실을 잘 알고 있다. 반면 남편과 아들의 교육을 위해 신사임당이 서울로 이주한 뒤 거주한 가옥이 어느 집안에서 왔는가에 대해서는 알지 못한다. 막연히 서울집이 남편 이원수의 본가이거나 그 집안에서 마련해 준 가옥일 것이라고 생각한다. 그런데 놀랍게도 신사임당의 서울집 또한 그녀의 친정에서 상속되었다. 율곡의 총명함을 눈여겨본 신사임당의 어머니가 '가문'의 영달을 위해 큰 투자를 한 것이다.

고려시대에도 동일한 문화가 존재했다. 고려 여성들이 자유분방했다는 이야기는 이러한 배경을 염두에 두고 나온 것이다. 조선 초 정도전은 "고려시대에 남자가 여자 집에 들어가 살았기 때문에 부인이 자기 부모를 믿고 남편에게 오만방자하게 굴게 되었다"고 일갈했다. 그런데 고려와 조선 사이에도 차이가 있다. 고려는 공적 영역에서까지도 딸과 외손의 권리를 적극 인정했다.

조선에서는 공신이나 2품 이상 고관의 사위가 아닌 이상 처가의 음서를 받을 수 없다는 원칙이 법적으로 규정되었으나, 고려에서는 사위가 처가 어른들의 공덕으로 음서를 받는 경우가 빈번하게 나타났다. 고려시대 특정 가문이 국가가 부여하는 직임을 승계하는 대가로 특정 땅에 대대로 행사해 왔던 조세권은 사위나 외손에게도 승계되었다. 1162년에 제작된 한 고려 여성의 묘지명에서는 관직을 갖게 된 사위가 처의 양아버지로부터 조세권을 승계받았던 사례까지 확인된다.

엄격한 내외 구분의 시대에 딸이 직접 관직을 갖거나 관직을 매개로 한 각종 권한을 누릴 수는 없었기 때문에, 고려라는 국가는 그 남편과 자식들을 통해 간접적으로 딸의 지분을 인정했다. 고려시대에는 신하의 공로에 대한 국왕의 특별한 보답이 있을 때 아들과 사위들이 함께 혜택을 받기도 했다. 만약 사위가 누락된다면 고려의 딸들은 "딸과 사위는 자식이 아니야?"라고 사자후를 내질렀을 것이다.

왕실 또한 가족 집단이다. 역대 국왕들의 '공인된' 가족을 우리는 왕실이라고 부른다. 즉 가족에 관한 사회의 규범과 문화로부터 왕실 역시 자유로울 수 없었다. 이 말은 의무와 권리의 승계 과정에서 아들과 딸의 가족들을 대칭적으로 포함했던 고려 사회 일반의 체제가 왕실에서도 유효할 것임을 뜻한다.

실제로 왕박 삼 형제는 왕녀·부마(백작) 부부의 아들이라는 이유로 고작 약관의 나이를 전후하여 정1품 명예직인 사도·사공이 되었다. 태조 왕건이 천명한 '종친불사'의 원칙, 곧 종친은 관직에 나아가 국정을 운영하지 않는다는 논리에 따라 왕실 출신의 사도·사공은 실질적인 관료로서 활동할 수 없었고 그저 정1품 지위에 걸맞은 예우만을 받았을 뿐이다. 하지만 어쨌든 국가의 큰 예식이 있을 때마다 백발이 성성한 재상들 앞에 새파랗게 어린 사도·사공이 포열했을 것이니 이것만으로도 왕실이 모든 관료 집단의 상위에 있다는 사실은 충분히 각인되었을 것이다. 왕녀의 사위와 왕자(공작·후작)의 아들 및 사위들도 동일한 위상을 가졌다. 국왕의 외손과 친손은 대등하다는 고려의 인식이 강하게 드러나는 대목이다.

사도·사공은 공작·후작·백작보다는 그 위상이 분명 낮았으나, 어쨌든 왕실 일원으로 인정되어 왕족다운 권한을 행사할 수 있었다. 왕족다운 권한의 정점에는 '왕위계승권'이 있었다. 무신정변 이후의 공포정치가 횡행하던 1196년, 무신집정 최충헌이 명종을 폐위시키고 왕으로 옹립하기에 마땅한 왕실 인물을 물색했을 때 최충헌의 동생 최충수는 사공 진이라는 인물을 적극 추대했다. 그는 경덕궁주와 왕평 부부의 아들, 즉 의종의 외손이었다. 인종의 왕자가 아직 한 명 더 남아 있는 상황이었기에 최충수의 의견은 곧장 묵살되었으나, 이때 주고받은 이야기가 참 흥미롭다. 인종의 막내아들─제20대 왕 신종(1144~1204·재위 1197~1204)─을 옹립하자고 주장하는 측에서도 사공 진에게 왕위계승 자격이 있음을 부정하지 않았다. 사공 진은 당시 생존 중이던 의종의 손자들 가운데 최연장자, 즉 장손이었다.

이 에피소드는 신라와 같이 고려에서도 국왕의 외손들에

게 왕위계승권에 관한 일정한 지분이 인정되었음을 보여 준다. 고려에서 국왕이 사위를 간택하는 행위는 왕위계승권이 도달할 수 있는 범위의 조정을 의미했다. 이런 사회에서 관료 가문의 남성들을 사위로 선택한다면 어떤 일이 펼쳐질지 눈앞에 그려진다. 왕녀를 매개로 왕실 구성원에 신규 진입한 관료 가문 남성들과 그들 사이의 소생으로 인해 왕실과 관료 가문의 경계는 무너질 수밖에 없었을 것이다.

고려 왕녀들은 정략혼의 굴레에 갇혔다. 왕실 남성들 가운데에서만 남편을 얻어야 했기에 배우자 선택권을 제약당했다. 국왕과 왕후가 혈통·외모·성품을 종합적으로 고려하여 최상의 부마를 간택하고자 했으나, 물리적으로 후보자의 수 자체가 적었기에 결과가 늘 최상일 수는 없었다. 하지만 그녀들은 정략혼을 받아들이는 대가로 왕실의 재산과 작위, 심지어 왕위계승권과 같은 공적 권한에 대한 지분을 주장할 수 있게 되었다. 왕녀의 자식은 엄연히 왕실 일원으로 살아갔다.

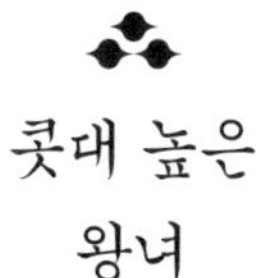

# 콧대 높은
# 왕녀

고려의 왕녀는 당당했다. 그녀는 사도·사공 혹은 사도·사공의 아들에 불과한 왕실 남성을 단숨에 제후왕으로 끌어올릴 수 있는 존재였다. 많은 왕녀가 '내가 아니면 당신이 감히 전하 소리를 들으며 살 수 있었겠어? 우리 자식이 어떻게 왕가의 자손으로 남을 수 있었겠어?'라는 생각을 갖고 살지 않았을까.

왕녀와 남편의 관계를 단적으로 보여 주는 기록이 있다. 숙종의 막내딸 복령궁주의 묘지명이 전해지고 있는데, 비문 안에 다음과 같은 문장이 눈에 띈다.

공주는 숙종의 넷째 딸로 총명하고 민첩하며 효성스러우면서도 신중했고, 부처를 잘 섬겼다. 비록 왕녀였으나 역시 진강백에게 하가한 후로는 오히려 부인의 도리를 고집하며 엄숙하고도 화목한 덕을 이루었다.

묘지명은 죽은 자를 추모하기 위한 목적에서 만들어진다. 그 목적에 걸맞게 복령궁주 묘지명에서는 온갖 찬사를 동원해 그녀를 칭송했다. 그런데 묘지명의 이 기록이 과장은 아니었던 것 같다. 《고려사》 공주전에서도 복령궁주는 성격이 온순해 숙종과 명의태후의 사랑을 듬뿍 받았기에 종친들 가운데서 가장 부유했다는 사실을 전한다. 숙종이 반정을 일으켜 즉위하자마자 태어난 늦둥이 막내딸이었으니, 성격 강하고 야심만만하기로 유명한 숙종과 명의태후라 할지라도 그 미소 앞에 어찌 녹지 않을 수 있었겠는가. 그 사랑은 복령궁주에게 증여 혹은 상속한 재산과 비례한 듯하다. 겨우 38세를 일기로 사망한 복령궁주가 여느 종친들보다 부유했다는 기록을 보면, 숙종과 명의태후가 막내딸에게 챙겨 준 재산이 상당한 규모였을 것으로 추측된다.

복령궁주는 사촌 진강백 연과 혼인했다. 진강백은 문종

왕자 진한후 유의 아들이면서 숙종의 조카였다. 즉 사도·사공이었던 그 역시 사촌 복령궁주와의 혼인 덕에 진강백이 되어 전하 소리를 들으며 떵떵거리며 살 수 있었다. 그런데 부인이 막대한 재산까지 보유하고 있다. 어느 남편이 부인의 눈치를 보지 않을 수 있었겠는가. 이러한 권력 관계가 묘지명을 작성한 사람에게도 포착되었던 것 같다. "비록 왕녀였음에도 오히려 부인의 도리를 고집하였다"는 문장의 행간에는, 왕녀가 부인의 도리를 지킨 경우가 드물며 부인의 도리가 왕녀에게는 필수적 의무가 아니었다는 의미가 숨어 있는 듯하다.

# 그녀와
# 그의 속사정

"선왕先王께서 비명횡사하신 뒤로 태후의 울화병이 깊어졌다. 돌아가신 너희들의 부왕을 대신하여 궁주들이 태후께 자주 얼굴을 보여 드리고 마음을 위로해 드리도록 하라."

"예, 폐하."

두 여성이 어전을 나선다. 의종의 첫째 딸 경덕궁주와 둘째 딸 안정궁주다. 오랜만에 황궁을 찾은 두 왕녀는 숙부 명종으로부터 할머니를 잘 보살펴 달라는 부탁을 받고 태후전으로 향하였다.

“나만 이 상황이 웃겨요? 아바마마의 일로 태후께서 울화병을? 아바마마 생전 그렇게 두 분이 서로 못 잡아먹어 안달이었다는 거 만인이 다 알잖소?”

“경솔히 입을 놀리지 말라, 안정궁주. 이곳은 황궁이야. 그리고 아무리 미운 자식이라도 자식을 잃은 부모는 애간장이 끊어지는 거야. 아바마마께서 비참하게 돌아가셨으니, 할마마마의 마음이 어떻겠니?”

“흥, 언니는 번듯한 자식이 있어 그 마음이 잘 이해되나 보네요. 난 자식을 제대로 키워 본 적이 없어서 모르겠소.”

안정궁주가 입을 삐죽이며 고개를 돌리자 경덕궁주는 목 끝에 걸린 말을 차마 내뱉지 못하고 삼켜 버린다. 두 여성은 침묵 속에 묵묵히 발걸음만 재촉하였다. 얼마쯤 걸었을까. 구슬픈 음악 소리가 들려왔다. 태후전에 가까워질수록 소리는 점점 커졌다. 느리고 절제된 거문고 선율이 애써 묻어 두었던 서러움을 자극하는 것만 같았다.

“오, 왔느냐. 그간 왜 그렇게 격조하였느냐?”

공예태후가 환한 웃음으로 두 왕녀를 맞이한다. 몇 년 사이 공예태후는 부쩍 쇠약해졌다. 한때 그녀는 여장부의 기세로 고려 왕실을 호령하며 남편과 아들에게 자신의 정치적 입장을 당당하게 전달하던 인물이었다. 태후전 앞마당에서 아들 의종에게 호통을 치던 그녀의 모습이 여전히 많은 이들의 뇌리에 박혀 있다. 그러나 지금 그녀는 회한에 사로잡힌 노인에 불과하였다.

"이제야 너희 아버지의 장례를 치르는구나. 죽은 지 2년이 지나서야. 다 내 탓이다. 조금만 더 다정했더라면, 조금만 더 믿어 줬더라면……."

손녀들에게서 아들의 흔적을 찾으려는 듯 공예태후는 경덕궁주와 안정궁주의 얼굴을 번갈아 가며 바라보았다. 세 여성이 한 사람을 기억하며 입술을 굳게 다문 사이 구슬픈 거문고 소리만 공간을 가득 채웠다.

'제법이군.'

비교적 일찍 애도의 시간에서 깨어난 안정궁주가 거문고 소리가 들려오는 방향으로 고개를 돌렸다. 가늘고 긴 손가락이 그녀의 눈에 들어온다.

'예쁜 손가락이네.'

문득 안정궁주는 저 악공의 사연이 궁금해졌다. 이토록 처연한 감정을 거문고에 담아 내는 이는 어떤 사람일지, 안정궁주는 참을 수 없는 호기심에 조금씩 시선을 위로 옮겼다. 악공의 자태가 한눈에 들어왔다. 그녀의 시선은 꽤 오랜 시간 한 곳에 고정됐다.

1175년, 안정궁주와 왕박이 혼인하고 12년이 흐른 시점에 안정궁주의 간통 사건이 발생했다. 언니와 자신의 남편을 간택하는 과정에서 부모가 차별적 잣대를 적용했다는 의혹을 가슴 깊이 묻어 둔 채 안정궁주는 꽤 오랜 시간 부왕과 모후의 바람대로 왕녀의 본분을 다하며 살아왔다. 그러나 권태로웠다. 호화로운 매일매일이 반복되었으나, 정작 그녀가 마음 붙일 곳은 없었다. 《고려사》에는 안정궁주와 왕박의 자식에 대한 기록이 전해지지 않는다. 앞서 소개한 합스부르크가와 같이 고려 왕실 사람들 역시 누적된 근친혼의 여파로 자식을 두지 못한 경우가 많았다. 안정궁주도 마찬가지였던 것으로 보인다. 늘 적막한 집, 한결같은 삶에 안정궁주는 지쳐 갔다.

물론 인생에 굴곡이 없었던 것은 아니다. 1170년의 무신 정변으로 부왕 의종이 폐위되었다. 1173년에는 경주에 유폐되어 있던 의종이 이의민이라는 무도한 자에게 잔인하게 살해당했는데, 의종에 대한 무신들의 반감과 외교적 문제로 명종은 그로부터 2년이 흐른 뒤에야 비로소 의종의 죽음을 공표하고 정식으로 장례를 치렀다. 왕실이 받은 충격은 이루 말할 수 없었다. 이 시기 안정궁주 역시 한 치 앞을 알 수 없는 상황 속에 화가 자신에게 미칠 것을 걱정하는 한편, 부왕의 비극으로 인한 울분을 다스리느라 괴로움에 몸부림쳤다.

그러나 겉보기에 그녀의 삶은 평상시와 같았다. 그녀는 여전히 전왕의 왕녀였고, 그녀의 남편 역시 함녕백이라는 지위를 유지하고 있었다. 비록 의종은 폐위되어 비참한 말로를 맞이했지만, 적어도 형식상 의종에서 명종으로의 이양은 '선위'였다. 중국과의 전쟁을 막기 위해서라도 반드시 선위여야만 했다. 따라서 새 정권은 선왕의 자녀들을 죄인 취급하지 않았다. 후임자인 명종 역시 선왕의 자녀들을 비롯한 종친들에게 각별한 정성을 쏟았다.

"거문고를 배우려 합니다."

"갑자기 거문고요? 좋은 생각인 것 같긴 합니다만……."

"유능한 악공을 봐 두었습니다. 그에게 가르침을 청할 수 있도록 자리를 마련해 주시지요."

막무가내식의 통보였으나 왕박은 그녀가 자신에게 무언가를 부탁했다는 사실에 내심 기뻤다. 선왕의 비보를 듣고 한동안 방안에서 울거나 넋을 놓고 있던 그녀가 최근 황궁에 다녀온 뒤 생기를 되찾았다. 배우고 싶은 것이 생겼다니, 이보다 더 좋은 일이 있겠는가. 왕박은 서둘러 사람을 보내 가영이라는 악공을 수소문하였다.

마침내 가영을 초대한 날, 왕박은 안정궁주가 이렇게 환히 웃을 수 있는 사람이라는 것을 처음 알았다. 궁주에게 기쁨을 선사했다는 사실에 왕박은 벅찬 감동을 느꼈다. 거문고 연주를 듣는 궁주의 시선이 시종일관 가영만을 향하고 있었으나, 왕박은 마음 깊은 곳에서 울리는 경보를 애써 무시하며 이번

일을 계기로 궁주와의 관계가 개선되기만을 바랐다.

그 후 안정궁에서는 매일 거문고 연주가 흘러 나왔다. 나흘에 한 번, 사흘에 한 번, 가영과의 만남을 점차 늘려 가던 안정궁주는 이제 하루가 멀다 하고 가영을 불러들였다. 안정궁의 하인들이 하나둘 무리지어 속닥거리기 시작하였다. 굳게 닫힌 방문 틈으로 거문고 소리가 흘러 나오다 끊길 때마다 하인들은 호기심 반 염려 반의 표정으로 방문을 쳐다보았고, 멀리서 왕박의 모습을 발견할 때면 후다닥 자리를 피하였다.


무신정변 직후의 혼란이 수습되면서 안위를 걱정할 필요가 없어진 안정궁주는 다시금 권태로움에 잠식당했다. 의종을 조선시대 연산군과 같은 폐주廢主로 취급할 것인지 아니면 정통 국왕으로 추모할 것인지에 관한 논쟁이 일단락된 1175년, 그녀는 다시 시작된 무료한 삶을 견디지 못하고 결국 자신의 권력을 이용하여 돌이킬 수 없는 일탈 행각을 벌였다. 안정궁주의 간통 사건에 관해 역사서는 "궁주가 악공을 불러들여 거문고를 배우다가 마침내 간통하였다"고 전한다. 악공을 섭외하고 간통하기까지 모든 행위 주체가 안정궁주로 기술되어 있다.

그녀가 만족스럽지 못한 삶을 자기계발을 통해 극복해 보려 했던 것인지, 처음부터 거문고 스승 가영에게 눈독을 들였던 것인지 진실은 아무도 알 수 없다. 여하튼 고려 왕녀에게 부인으로서의 도리는 당연한 의무가 아니었다. 왕실의 체면을 손상하지 않는 선에서 안정궁주는 무엇이든 시도하고 즐길 수 있었다. 사사로이 악공을 불러들여 거문고를 배우는 것은 결코 부정한 일이 아니었다. 그녀가 악공 가영과 간통하지만 않았다면, 안정궁주는 예술적 감수성이 탁월한 왕녀로 역사서에 기록되었을 것이다.

하지만 안정궁주는 넘지 말아야 할 선을 넘었고, 결국 그녀의 역사에는 오점이 남게 되었다. 정략혼으로 맺어진 부부 관계에 불만족스러웠던 왕녀가 어디 안정궁주 하나뿐이었겠는가. 안정궁주의 간통 사건이 발생한 때로부터 머지않은 시점에 그녀의 또 다른 숙부 충희는 승려로 출가했음에도 어머니 공예태후를 병문안한다는 핑계로 수시로 궁궐을 들락거리며 '공주'와 간통했다. 정황상 이때의 공주는 명종의 두 왕녀 가운데 하나였을 것으로 보이지만 사료에서는 상대를 특정하지 않았다. 사관을 지휘하는 저 윗선의 누군가가 공주의 정체를 꼭꼭 감춰 버렸다. 인종·의종·명

◑

고려 왕녀 안정궁주는 거문고를 가르치던 악공과 간통했다.
이 사건이 세간에 알려졌을 때 가장 큰 피해를 입은 인물은 남편 왕박이었다.
그의 사회적·정치적 지위가 왕녀와의 근친혼으로 확보된 것이었기 때문이다.
이해득실을 계산한 왕박은 안정궁주의 간통을 이미 알고 있었음에도
묵인했을 가능성이 있다.
* 그림: 정인성, 천복주.

종 왕녀들 가운데 간통이라는 '오점'을 공주전에 남긴 인물
은 안정궁주가 유일하다.

구체적인 인물명까지 특정해 가며 사관들이 안정궁주 사
건을 기록으로 전한 까닭은 상대가 악공이라서였다. 궁주가
악공과 간통했다는 사실에 충격을 받은 명종이 성성한 분노
를 표하며 이례적으로 왕박에게 분풀이했기 때문이었다. 고
려시대 악공이 어떠한 존재인가. 그들의 재주는 천한 기예로
취급되었다. 서인庶人에게 과거 응시를 허용할 때에도 고려
조정은 악공이나 악공의 친인척을 배제했다. 악공은 서인과
천인의 경계에 있던 신분층으로 보인다.

만약 안정궁주가 또 다른 왕실 남성이나 고만고만한 명
문가 자제와 간통했더라면 앞서 등장한 정체불명의 '공주'
처럼 안정궁주 역시 간통 사건의 주범으로 특정되지 않았
을지도 모른다. 왕실은 안정궁주의 비행을 꽁꽁 감추고 그
녀의 열전에 오점이 남지 않도록 단속했을 것이다. 그만큼
안정궁주가 보인 행보는 파격적이었다. 안정궁주가 이러한
상황을 예상하지 못했거나 예상할 수 없을 만큼 중독적인
사랑에 빠졌던 것인지, 아니면 자신의 삶을 옭아맨 왕실의
규범을 조롱하며 분노를 표출하고 싶었던 것인지, 그녀의

동기는 수수께끼로 남아 있다. 하긴, 850년 전 인물의 깊은 내면을 누가 알 수 있으랴.

여기서 한 가지 의문이 더 남는다. 그녀의 사건을 수면 위로 드러낸 인물은 과연 누구였을까. 이에 관한 기록이 전해지지 않지만, 한 가지는 확언할 수 있다. "안정궁주의 남편 왕박은 절대 고발자가 될 수 없다."

왕박은 안정궁주와의 혼인으로 함녕백에 책봉되었다. 혼인의 최대 수혜자는 명백히 왕박이었다. 따라서 혼인 관계의 파탄으로 인한 피해도 왕박이 가장 크게 입을 수밖에 없는 구조였다. 앞에서 보았듯, 안정궁주 사건이 조정에 보고된 이후 명종은 조카의 부정을 질책하지 않고 안정궁주의 남편인 왕박과 안정궁주의 상간남인 가영을 처벌했다. 왕박은 2년간 제왕의 작위를 박탈당한 상태로 치욕의 시간을 보냈으며, 가영은 섬으로 유배되는 가혹한 형벌을 받았다.

명종은 집안을 단속하지 못했다는 명분으로 왕박을 처벌했다. 사건 처리 과정에서 왕녀의 부정함은 언급할 만한 문제로 취급되지 않았다. 왕박이 행실을 제대로 하지 못해 감히 천한 신분의 악공이 왕녀를 넘보았고, 그 결과 왕실이 세간의 손가락질을 받게 되었다는 데 명종의 분노가 맞춰졌다.

명종이 강조한 집안 단속, 그것이 왕녀가 천한 남성과 정을 통하지 않도록 예방했어야 한다는 의미였을지, 아니면 종친의 집안에 어떠한 일이 발생하든 밖으로 새어 나와 왕실을 불명예스럽게 만들지 못하도록 단속했어야 한다는 의미였을지, 명종의 진짜 속내 역시 알 수 없는 노릇이다.

어쩌면 안정궁주는 왕박의 처지를 간파하고 간통의 전 과정을 영악하게 주도했던 것일지도 모른다. 남편이 자신의 부정을 고발하며 자멸의 길로 뛰어들지는 못할 것이라는 자신감으로, 그리고 무슨 잘못을 하든 숙부인 명종과 할머니 공예태후가 자신을 비호해 줄 것이라는 믿음으로. 권력의 정점에서 태어나 그 권력 구조를 지탱하는 핵심축으로 살아온 그녀는 본능적으로 권력 관계를 파악했고, 이를 활용하는 영민함을 발휘했을 것이다.

시대의 사명이라는 말이 있다. 국왕의 고귀한 딸로 태어난 이상 안정궁주에게 부과된 사명은 수백 년간 고려 왕실이 지켜 온 신성한 권위를 보존하는 것이었다. 왕조 사회의 신분질서 및 이와 연동된 권력 구조는 결코 남성들의 역할에만 의존하여 수호할 수 있는 것이 아니다. 여성들 역시 왕조 체제를 지탱하는 핵심축이었다. 이에 고려 왕실은 그 아들과 딸들의 사랑과 혼인에 관한 정교한 통제를 고수했고, 그렇게 쌓아 올린 권위의 성채는 견고했다. 국왕을 제 입맛대로 폐위시킬 수 있는 무신 집정자라 할지라도 감히 왕씨가 아닌 자를 국왕으로 옹립할 마음은 품을 수 없었던 것이 당시의 분위기였다.

그러나 인간은 체제에 구속되면서도 체제를 이탈하려는 욕망을 품는다. 그리고 아이로니컬하게도 일탈하기 위해, 사회가 비정상이라고 규정한 욕망을 달성하기 위해, 인간은 그 체제가 자신에게 허용한 것을 십분 활용한다. 이 같은 일탈은 공고한 체제에 깊은 상흔을 새긴다. 공식적인 역사가 모호한 말로 그 상흔을 덮어 버렸기에 안정궁주에 관한 기록은 몇 줄에 지나지 않지만, 우리는 그 안에서 안정궁주의 욕망을 읽고 또 그 체제를 조명해 본다.

# 각색과 관련하여

안정궁주의 간통 사건에 관한 명종의 반응과 처분, 무신정변 후 왕실에서 느끼던 위기감, 공예태후를 비롯한 왕실 인물들의 성품과 외모 등에 관한 소설적 묘사는 《고려사》 후비전后妃傳과 공주전, 종실전에 흩어진 각 인물 관련 사료를 토대로 작성했다. 예컨대 공예태후가 태후전 앞마당에서 의종에게 호통을 쳤던 사건은 실제 공예태후의 후비전에 기록된 사실이다. 그 외에 《고려사》 세가나 《고려사절요》에서 확인되는 당시의 정치적 맥락이나 굵직한 사건들을 안정궁주의 간통 사건이 발생한 시점과 연결시켜 안정궁주의 내밀한 심리에 대한 분석을 시도하는 한편, 이를 매개로 상상력을 가미해보았다. 1175년 폐주 의종이 살해당한 지 2년 만에 비로소 그에 대한 장례가 치러졌던 사건은 역사서에 기록된 역사적 사실이다. 이 사건으로 정신적 충격에 빠진 공예태후와 안정궁주가 만난 자리에 가영이 등장했고, 이후 안정궁주가 가영이라는 악공으로부터 위안을 얻게 되었다고 서술한 것은 상상력을 기반으로 한 창작이다.

# 《수산집》

《수산집修山集》은 조선 후기 학자 이종휘李種徽(1731~1797)의
시와 산문을 모은 문집이다. 이종휘가 사망한 뒤 그의 아들
들이 주도하여 간행했다. 단군조선으로부터 이어지는 한반
도의 유구한 역사를 서술하고 고구려 중심으로 고대사를 재
인식한 〈동사東史〉가 편입되어 있어 사학사 자료로서 가치가
크다. 이종휘는 한국과 중국의 역사에 관한 폭넓은 사론을
남겼는데, 《수산집》 권6에서 역대 고려 국왕들에 대한 사론
을 기술하면서 "왕씨가 용의 자손이라 겨드랑이에 비늘을
갖고 태어나기 때문에 태조는 그 피가 다른 가문으로 전해지
는 것을 싫어하여 자기 왕자와 왕녀를 서로 혼인시켰다"는
세간의 소문을 소개하기도 했다.

## 참고문헌

- 《고려사》, 《고려사절요》, 《수산집》.
- 김영숙, 《프라도 미술관에서 꼭 봐야 할 그림 100》, 휴머니스트, 2022.
- 최승희, 《한국 고문서 연구》, 지식산업사, 1989.
- 황향주, 〈10~13세기 고려 왕실의 구조와 편제〉, 서울대학교 박사 학위 논문, 2022.

# 여자,
# 저주하다

이민정

동서고금을 막론하고 사람들은 보이지 않는 초인적인 힘에 의해 세상이 지배된다고 생각하기도 한다. 그 초인적인 힘을 자신의 편으로 유도하여 조작하기 위한 여러 가지 수단이 곧 '주술'이다. 우리나라에서는 이러한 주술을 행하는 사람을 통상 무당이라고 불렀다. 조선시대에는 무당을 통한 주술이 사람들에게 심적인 위안을 주고 공감대를 형성하게 한 흔한 행위였다. 주술에는 여러 가지 목적이 있는데, 그중의 하나가 상대방에게 위해를 가할 의도로 기원하는 '저주'이다.

조선시대에는 저주라는 행위가 어떻게 인식되었을까? 조선은 괴력난신을 배격하는 유학의 이념 위에 세워지고 경영되던 국가였다. 하지만 이 나라의 사람들은 무속의 주술행위가 인간을 흥하게 하기도 망하게 하기도 한다고 믿었다. 주술행위 중 특히 저주는 타인을 망하게 한다고 믿었기 때문에 저주를 행하는 사람은 악인으로 규정되었다. 저주라는 행위는 배우지 못한 자들의 무식한 행위였다.

무속신앙은 공적인 현실에서 통용되는 정상적인 믿음체계에 속하지 못했다. 양반 남성들은 무속을 터부시했다. 사실 유학적 소양을 가진 조선의 남성들은 주술효과를 믿고 이를 두려워하기도 했지만 공식적으로는 무속을 거부했다. 무속의 주술행위는 기본적으로 하층민, 또는 여성의 것으로 인식되었다. 현실에서 무속신앙은 권력 없는 자들이 마지막으로 기댈 곳을 찾는 비이성적인 수단으로 여겨졌다. 공적 지위를 획득하지 못한 무속의 신념체계와 여성이라는 존재의 결합은 상층 남성들에게 폄하의 대상이었다. 하지만 이러한 단편적 이미지에 수긍하는 대신, 주술을 이용하는 여성의 행위에 담긴 다양한 맥락에 관심을 가질 필요가 있다.

주술을 행하는 무지하고 악한 여성이라는 당시 남성들의 단편적 평가를 넘어 발견할 수 있는 것은 무엇일까? 무속신앙도 유학과 마찬가지로 하나의 신념체계이자 사람이 이용할 수 있는 이념적 자원이고, 주술도 누구나 이용 가능한 수단이라고 생각해 보자. 우리는 저주하는 여성을 단순히 비난하는 데에 그치지 않고, 여성이 저주행위에 담은 의도와 그 의미를 포착할 수 있다.

17세기 인조의 후궁이었던 조 귀인은 저주 그 자체는 물론 저주라는 행위에 대한 당시의 인식을 적극 활용한 인물이다. 조 귀인은 1630년 궁녀로 입궁하여 7년 만에 종4품 숙원의 첩지를 받고 이후 인조의 남다른 사랑을 받으며 마침내 1649년에는 종1품 귀인으로 봉해지면서 명실상부 궁궐의 실세가 되었다. 인조와의 사이에 효명옹주와 숭선군 이징, 낙선군 이숙을 낳아 2남 1녀를 두면서 남편과의 돈독한 사이를 증명했다. 주목할 부분은 효종 대 역모로 처단되기 전까지 그녀의 궁중에서의 지위는 인조의 총애에 의해서만 주어진 것이 아니었다는 점이다.

조 귀인은 주술과 주술을 둘러싼 당시의 인식을 수단 삼아 적극적·주체적으로 자신의 세계를 구축한 인물이었다. 이 글에서는 남성에 의해 규정된 악'녀' 너머에 있는 역사적 주체로서 여성 조 귀인의 다양한 면모를 살펴보고자 한다. 그녀에 대한 도덕적 재평가가 목적이 아님을 미리 밝힌다.

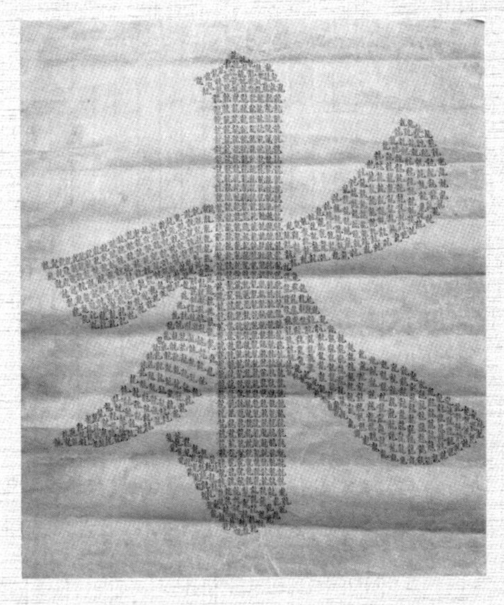

‘수水’자 문 부적.
1867년에 제작한 경복궁 근정전 상층 종도리 하단에 묻은 부적이다.
붉은색 종이에 화재가 나지 않기를 기원하며 ‘용龍’자 1,000여 자로 ‘수水’ 자를
메워 쓴 부적이다. 용은 임금의 권위를 상징하는 동물로 물을 다스리는 능력을 갖고
있다고 여겼다. 이 부적은 조선의 왕실에서도 주술의 힘을 믿었다는 것을
보여 주는 증거이다.
* 출처: 국립고궁박물관 소장.

# 저주가
# 드러나다

무덤에서 파낸 썩은 관 조각

사람의 뼛가루와 뼛조각

어린아이의 팔뼈

어린아이의 두개골

강아지 대가리

살이 모두 타 버린 고양이 사체

검은색의 누린내 나는 물건

작은 불상

비단을 태운 가루

숭어 머리뼈

말린 참새 사체

오색 옷조각과 오색 실

종이에 싸인 손톱

찢어진 버선

피로 물든 수건

여아용 목면 치마

비단 신발

고양이 사체

부서진 이빨 조각

…….


1652년 2월 16일부터 3월 초9일까지 대대적인 조사 끝에 창덕궁·창경궁 두 궁궐에서 저주에 쓰는 흉물이 엄청나게 나왔다. 위는 그러한 흉물의 대략이다. 당시 이를 보고한 관리는 보고서에서 더러운 물건[汚穢之物]이라 썼다. 발견된 장소도 참으로 다양했다. 도감의 기록에 따르면 전각 일대의 대들보, 서까래, 계단 밑, 전각 내 온돌 밑이나 구석, 온돌 연통 틈새, 주방의 비석 아래, 전각 기둥 아래, 건물 모퉁이, 처마 아래,

전각 옥상 덮개 등 궐내 건물 곳곳에서 흉악한 주술용 물건인 양밥이 잔뜩 나왔다.

국왕인 효종이 사용하던 대조전 계단과 책방, 오운문에 이르는 어로御路 등에서도 양밥으로 보이는 것들이 나왔다. 심지어 국왕이 다니는 길에도 머리와 양 날개를 흰 실로 묶은 말린 참새의 사체가 묻혀 있었는데 채 부패하지 않은 상태여서 모두를 경악하게 만들었다.

두 궁궐을 뒤집어 탈탈 털은 결과, 기괴하고 공포스러운 저주의 증거들이 넘쳤다. 곧바로 이것들을 모두 치우는 작업을 진행해야 한다는 조정의 건의가 나왔다. 대대적인 '궁궐 청소'는 국왕과 왕실 식구들이 거주하는 상태에서는 불가능한 작업이었기에, 이미 이전 해인 1651년 12월에 효종은 경덕궁으로 이어한 상황이었다.

국왕이 거처를 옮긴 뒤 바로 병조 주관으로 '구궁舊宮(창덕궁과 창경궁)의 더러운 흙을 깎아 내고 새 흙으로 메우는 일'을 시작했다. 건물 내부에서 흉물이 나온 경우에는 그 흉물이 닿은 건물의 해당 부품도 교체하기로 했다. 워낙 많은 종류의 흉물이 궁궐 곳곳에서 발견되었다. 치우면 또 나오고 파면 또 나왔다. 굴뚝부터 대들보나 서까래, 온돌 같은 건물 곳곳에 저주가 널려 있었다.

나라의 곳간에는 궁궐 청소를 할 돈이 거의 없다시피 했다. 임진왜란과 병자호란 두 번의 전쟁 이후 얼마 되지 않았을 때라 당연한 일이기도 했다. 병조에서는 여분의 포목을 모두 털고 각 아문의 비축분을 끌어 써도 여력이 없다고 보고했다. 천 명이 넘을 것으로 예상되는 일꾼들을 모으는 것도 쉬운 일이 아니었다.

일의 규모가 커지자 자금과 인력을 마련하는 일부터 본격적인 궁궐 청소를 관리 감독하고 인력을 먹이고 재울 일을 총괄하는 컨트롤 타워인 수리도감修理都監이 세워졌다. 인력은 민간인이나 군인을 쓸 수 없어서 전국 팔도의 승군을 데려다 쓰기로 했다. 각 도의 경제 상황을 고려해 적당하게 분배해서 도합 2천여 명의 승군을 서울로 불렀다.

말이 청소지 온 궁궐의 흙을 교체하고 건물 내부를 샅샅이 뒤지고 자재를 교체하거나 수리하는 일이었다. 어마어마한 양의 흙을 어디서 가져와서 어디에 쌓아 둘지, 작업을 위한 공구는 어떻게 마련할지, 갑자기 서울로 올라온 전국 팔도의 승군들을 어디서 먹이고 재울지, 작업 구역은 어떻게 나누고 누구한테 책임을 지울지 등이 바쁘게 논의되었다. 온돌을 모두 파내고 새로 만드는 일뿐 아니라 각 처소의 돌계단을 개수하고 벽을 새로 칠하는 등 요즘으로 말하면 리모델링 작업을 대대적으로 진행했다.

## 국왕을 저주한 사건?

새 국왕이 즉위한 지 얼마 지나지 않아 궁궐을 한 차례 들었다 놓은 이 일은, '조 귀인 저주 사건'으로 알려진 왕실 저주 사건을 수습하는 과정의 일부였다. 발각되면 목숨을 내놓아야 한다는 것을 알면서도 저주를 감행한 사람은 효종의 아버지 인조가 상당히 아끼던 후궁 귀인 조씨였다.

후궁 조씨가 저주하려 한 사람은 누구였을까? 《실록》에서는 그녀가 당시 국왕이었던 효종을 저주하려 했다고 전한다. 조 귀인의 딸인 효명옹주는 시아버지인 김식에게 자신과 자신의 어머니가 효종을 저주했으며, 저주가 성공하면 조 귀인의 아들인 숭선군을 왕으로 세우고자 한다고 넌지시 말했고, 김식은 자신이 들은 이야기를 추국 과정에서 고백했던 것이다. 김식의 말에 따르면 조 귀인은 저주를 통해 국왕 효종을 죽이고 자신의 아들을 왕으로 만들고자 한 것이므로, 그녀의 저주사는 명백하게 역모가 되었다.

당시 이 저주 사건은 귀인 조씨의 사돈이자 인조 대 권신 김자점의 역모와 얽히면서 국왕을 저주한 사건으로 결론이 났다. 지금도 조 귀인 저주 사건은 김자점 역모를 궁중 안에서 도운, 남성이 주역이었던 정치권력의 한 귀퉁이를 차지하기 위해 무지하고 무모한 궁중 여성이 벌인 어리석은 욕망의 결과로 인식되고 있다. 그러나 조 귀인 주변 인물들의 진술에 따르면 국왕 효종은 저주 대상의 일부일 뿐이었다.

조 귀인이 진정으로 저주하고 싶었던 인물이 누구였는지, 거기에 국왕 효종이 해당되는지 확신할 수는 없다. 그녀의 직접 진술을 찾을 수 없을 뿐더러 그게 있다고 치더라도 그 말을 그대로 믿을 수는 없기 때문이다. 당시 고변과 신문 기록에 따르면 조 귀인의 주된 관심사는 인조의 정비이자 마지막 계비 장렬왕후와 자신의 아들인 숭선군의 부인 신씨를 저주하는 것이었다. 장렬왕후를 저주하려 했다는 조씨의 마음은 비교적 쉽게 짐작이 된다. 처와 첩의 관계는 동서고금을 막론하고 좋을 수 없다. 그래도 굳이 자신의 든든한 보호막이 되어 주던 남편인 인조가 죽고 없는 때 굳이 정처인 장렬왕후를 저주하려 했다는 것은 특별한 이유가 있지 않고서야 설명이 되지 않는다. 누가 봐도 불리한 싸움이기 때문이다. 남편도 없는 상황에서 첩이 처를 저주해서 무엇을 얻을 수 있을까?

더욱 기괴한 사실은 조씨가 자신의 며느리를 저주했다는 것이다. 며느리는 아랫사람이다. 마음에 들지 않는 점이 있다면 불러다 혼을 내거나 윗사람의 권위로 해결할 수 있다. 주술은 당시 내놓고 할 수 없는 은밀한 행위였다. 그녀가 숨어서 며느리를 저주한 이유는 며느리 신씨가 함부로 건드릴 수 없는 사람이었기 때문일까?

귀인 조씨의 저주 사건, '조 귀인 저주 사건'은 결국 정치적 사건인 김자점 역모와 연결되면서 국왕을 저주한 역모로 정리되었다. 그러나 정작 저주 관련자들의 진술에 따르면 이것은 왕실 여성들 사이에서 벌어진 사건이었다. 현재 조 귀인을 둘러싼 사건을 바라보는 우리에게 남은 증거는 당시 사건 기록, 심문 기록, 이것을 다시 옮긴《실록》이나《승정원일기》같은 정부 기록이 대부분이다. 이것들을 통해 귀인 조씨와 조씨 밑에서 주술을 위한 심부름을 하다가 들켜서 처벌받은 궁녀와 무당 등의 증언을 보면, '조 귀인 저주 사건'의 새로운 측면에 주목할 필요가 있다.

김자점의 역모를 궁중에서 내응한 일로 이해한다면, 조씨가 장렬왕후와 자신의 며느리인 신씨를 저주한 것이 합리적으로 설명되지 않는다. 만약 국왕이 조씨의 주요 목표였다면 국왕을 저주하는 데에만 공을 들이면 될 일이었다. 그러나 그녀의 아랫사람들이 저주를 위해 묻은 흉물들은 너른 궁궐 곳곳에 산재했으며, 딱히 국왕의 처소에만 한정되지 않았다. 섣불리 김자점 역모 사건에 딸린 일로 치부하는 것은 편의적인 해석일 뿐이다.

이제부터는 그녀가 왜 이런 일을 벌이게 되었는지 의문을 해결할 것이다. 그 과정에서 그녀의 입궁 이후 인생에 깊게 얽힌 '주술'과 주술을 둘러싼 조 귀인의 행적이 갖는 의미가 새롭게 해석될 수 있다.

# 인조가 사랑한 '악녀',
# 귀인 조씨 성공기

귀인 조씨는 장녹수, 김개시, 희빈 장씨와 함께 조선의 대표적 악녀로 불린다. 이 궁중 여인들은 모두 낮은 신분으로 궁에 들어와 국왕의 사랑을 받으며 미증유의 권세를 누리다가 결국 사사되는 것으로 비극적인 삶을 마감했다. 장녹수는 연산군의 폐위와 함께 몰락했고, 김개시는 광해군의 폐위 이후 참수당했으며, 희빈 장씨는 당쟁의 한복판에서 숙종의 변심으로 지위를 잃고 죽었다. 이들의 악녀 이미지가 더욱 극적으로 드러난 이유는 바로 주술을 통해 남들을 '저주'하기를 서슴지 않았기 때문이다. 남성 중심의 신분제 사회에서 악녀

* 그림: 김효정.

로 회자되기에 전형적인 조건을 가진 이들이다. 귀인 조씨 역시 이들과 비슷했다.

귀인 조씨는 1630년(인조 8) 전후 열네 살의 나이로 인열왕후仁烈王后의 궁인으로 입궁했다. 그녀의 아버지는 경상우도 병마절도사를 지낸 조기趙琦였다. 조기의 얼자孼子(천인 신분인 첩의 아들) 정백창이라는 사람의 진납으로 궁녀로 입궁했다는 당대의 기록으로 보아 귀인 조씨는 첩실 소생으로 추정된다. 인열왕후는 소현세자와 효종이 되는 봉림대군 형제의 친모이다.

인조는 인열왕후와 사이가 좋았다고 알려져 있다. 그러나 인열왕후는 인조와 해로하지 못하고 병자호란 이전인 1635년 12월에 사망했다. 그녀의 사후 인조의 사랑은 조씨에게 향했다. 오랑캐 황제에게 치욕적으로 고개를 숙인 전쟁을 겪으면서 조씨는 인조 곁에서 큰 위로가 되었을 것이다. 조씨는 1637년 마흔 중반인 인조와의 사이에서 딸을 하나 낳고 종4품 숙원에 봉해졌다.

조씨를 숙원으로 만들어 준 딸은 인조가 매우 예뻐했던 효명옹주였다. 뒷날의 일이지만 효명옹주는 아버지 인조의 사랑을 믿고 행동이 자못 방자하고 자기중심적이었다고 한다.

궐 안에 잔치가 벌어지자 이복오빠인 인평대군의 처인 복천 부부인 오씨와 누가 윗자리에 앉을 것인가를 두고 다툼을 벌 였고, 이때 인조는 옹주의 편을 들어 딸이 윗자리에 앉도록 했다. 이 일 이후 옹주와 인평대군 부부는 크게 사이가 벌어 졌고, 훗날 귀인 조씨가 장렬왕후와 효종을 저주한 일로 조 사를 받을 때 효명옹주도 옷소매 속에 사람의 뼛가루를 숨겨 와 인평대군의 사저에 뿌린 일이 덩달아 발각되기도 했다.

인조의 효명옹주에 대한 사랑은 그녀가 혼인 후에도 2년 간 궁에서 살다가 1649년에야 비로소 출궁하여 사가에서 생 활했다는 사실에서도 알 수 있다. 효명옹주에 대한 인조의 이런 관대한 처사는 귀인 조씨에 대한 인조의 사랑에 비례했 을 것이다. 조씨는 인열왕후가 사라진 궁궐에서 실세로 군림 했을 것이라 상상할 수 있다.

대비도 중전도 없는 궁궐은 그녀의 독무대였다. 이는 1635년 당당하게 간택 후궁으로 들어온 소의 장씨의 처지와 비교하면 알 수 있다. 장씨는 조선 4대 문장가로 알려진 장 유張維의 딸이었다. 승은 후궁인 조씨와 달리 장씨는 가문의 위세가 있는 간택 후궁이었음에도 인조의 관심을 받지 못한 듯하다. 그녀는 끝내 인조와의 사이에서 자식을 얻지 못했다. 내명부 품계로는 조씨보다 높은 종2품 소의였고, 그 뒤로도 품계는 계속 올라 조씨보다 낮은 적이 없었지만 인조와 친밀하진 않았다. 조씨는 인조의 총애를 오롯이 차지하고 있었다.

귀인 조씨의 '성공' 과정은 신데렐라 스토리를 연상케 한다. 미천한 얼자 신분, 국왕의 사랑, 궁궐의 실세. 그러나 그녀는 끝내 신데렐라가 아닌 악녀로 기록되었다. 이는 조선시대 주요 기록물의 생산자인 지배층 남성들의 시선일 가능성이 크다. 이들이 보기에 조씨는 낮은 신분으로 궁에 들어와 갖은 수단으로 내명부의 권력을 맛보더니 역모에까지 가담한 희대의 악녀였을 것이다. 게다가 조씨는 성공의 계단을 한 칸씩 오를 때마다 무속적 수단인 저주술을 적절하게 활용했다고 전해진다. 그러니 이들에게 조씨는 음지에서 더러운 물건으로 추악한 행위를 서슴지 않으며 자신의 욕망을 채워나간 악녀로 인식되었을 것이다.

저주의 술수는 악녀 조씨의 이미지를 강력하게 형상화했다. 조씨를 보는 이러한 시선은 지극히 편향적이고 일방적이다. 유학의 도덕적 기준을 잣대로 들이댄 조선 남성들의 평가가 강하게 작용했다. 주술을 적극적으로 이용했던 조씨 자신의 이야기는 여전히 들리지 않는다. 귀인 조씨의 목소리를 들어보기 위해 계속해서 그녀의 일생을 살펴보자.

## 소박맞은 왕비, 장렬왕후

소의 장씨와 처지가 같은 여인이 궁궐에 또 등장했다. 바로 인조의 계비 장렬왕후 조씨이다. 인열왕후 사후 궐의 안주인 자리를 오래 비워 둘 수 없었기 때문에 인조의 혼인은 너무 당연했다. 장렬왕후는 1638년 인조의 계비로 간택되어 궁에 들어갔다. 당시 마흔다섯이었던 인조와 혼인했던 장렬왕후 는 명문 양주 조씨 집안의 셋째 딸로 그때 나이가 겨우 열다 섯이었다. 첩의 자식으로 간택 후궁도 아니었던 숙원 조씨와 는 비교도 되지 않는 지엄한 중전이었지만 장렬왕후의 미래 는 밝지 않았다. 이미 인조는 재혼 전에 장렬왕후와의 혼사 를 마땅치 않게 생각하고 이를 신하들에게 강하게 말했다. "계비를 들이는 것은 국가에 해가 되지 득이 되지 않는다." 그것이 인조의 입장이었다.

시작 전부터 삐걱거린 장렬왕후와 인조의 혼인은 결국 어 찌어찌 성사되긴 했지만 왕후에 대한 국왕의 대접은 차갑기

그지없었다. 그도 그럴 것이 인조는 장렬왕후와 혼인할 즈음 늦둥이 딸을 보는 즐거움을 준 숙원 조씨에게 빠져 있었다. 사망한 인열왕후와의 사이에서 소현세자와 봉림대군이 있었기 때문에 후사를 위해 왕비가 필요하지도 않았다. 조씨는 이미 인조의 옆자리를 굳건히 지키고 있었고 새로 들어온 열다섯의 어린 왕비가 끼어들 틈은 없었다. 장렬왕후는 소박을 맞은 것과 다름없이 지냈다.

장렬왕후에 대한 인조의 푸대접은 그녀가 23세의 나이로 병에 걸렸을 때 정점을 찍었다. 장렬왕후가 걸린 병은 풍간, 지금으로 말하면 간질이었다. 인조에게는 이형익이라는 침을 잘 놓기로 유명한 의원이 있었지만, 그는 왕비의 치료를 위해 이형익을 보내 주지 않았다. 오히려 풍간의 '사기邪氣', 즉 요사스럽고 나쁜 기운이 자신에게 옮을까 걱정된다며 장렬왕후를 별궁인 경덕궁에 유폐시켰다. 인조는 이전부터 원인 모를 병에 시달리고 있었는데 그 원인을 저주에 의한 사기 때문이라고 의심했다고 한다.

인조가 장렬왕후를 세상과 차단한 이유 중에는 정치적 이유도 있었다. 바로 심양에서 귀국한 소현세자의 죽음 이후 그의 부인 강씨에 대한 인조의 심각한 불신이었다. 마침 궁궐 안에서 저주 사건이 발생하자, 그것이 시아버지 인조를 겨냥한 소현세자빈 강씨의 소행이라는 증언이 등장했고 그녀는 죽음을 맞이하게 되었다. 그런데 이 과정에서 강씨의 처지를 안타깝게 여긴 장렬왕후가 그녀를 지지하자 인조와의 사이는 악화될 수밖에 없었다.

## 인조를 저주로부터 구한 후궁, 조 귀인

장렬왕후가 말뿐인 왕비로 지내면서 경덕궁에 있는 동안 조 귀인은 내명부의 품계를 한 계단 한 계단 올라가면서 궁궐 내에서 자신의 존재를 드러냈다. 항간에는 장렬왕후가 인조의 냉대를 받은 이유가 둘 사이를 이간질한 조씨 때문이라는 말도 돌았다. 조씨는 사실상 내명부 실세였다. 그녀가 이렇게 국왕의 강력한 지지를 받게 된 이유는 무엇일까? 그녀는 무속신앙을 적극적으로 활용하여 인조의 불편한 마음을 달래 주었다. 인조 17년인 1639년에 있었던 궁중 저주 사건에서의 활약이 대표적 사례이다.

　인조는 반정으로 즉위한 이후 편할 날이 없었다. 병자호란이라는 전쟁이야 논외로 치더라도 즉위 초반 이괄의 난부터 공식적으로는 네 번이나 있었던 궁중 저주 사건 중에서 세 차례가 모두 자신을 겨냥했다고 강력하게 믿고 있었다. 뒤에서 이야기하겠지만 나머지 하나의 저주 사건은 자신이 가장 아끼던 귀인 조씨를 대상으로 한 것이었다. 더욱 이상한 것은 궁중 저주 사건이 일어난 시기에 꼭 인조가 병에 걸렸다는 사실이다. 그는 자신의 병이 누군가의 저주 때문이라고 확신했다. '사기'가 병의 원인이 된다고 믿고 그 기운을 제거해야 자신이 안전해진다고 생각했을 것이다.

《실록》의 기록에 따르면 1639년 인조는 이형익에게 침을 자주 맞았다고 한다. 건강 악화 때문이었다. 만약을 대비하여 청나라에 있는 소현세자를 불러들여야 한다는 얘기까지 나올 정도였다. 그런데 이해 8월 중순 궁중에 저주의 변고가 있으니 범인을 색출하라는 명이 내려졌다. 관련 사건을 조사한 결과 창경궁을 비롯하여 동궁과 경덕궁 등의 60여 곳에 저주물이 묻혀 있다는 것이 밝혀졌다. 드러난 저주물을 치우고 국왕에게 침을 비롯한 여러 치료를 진행했지만 차도가 없자, 신하들은 국왕이 거처하는 창경궁 일대의 저주물이 병의 원인이라고 생각하고 사기를 피해 처소를 옮길 것을 제안했다. 병이 저주 때문이라는 믿음은 당시에 일반적인 인식이었다. 누군가를 저주하는 방법은 상당히 다양했다. 저주하고 싶은 사람 근처에 혐오스럽고 더러운 물건을 가져다 놓고 기도를 하며 저주하는 것이 일반적인 방법이었다. 동물 사체나 사람의 흔적이 묻은 물건, 동물과 사람의 뼛가루 등등이 매개체였다. 이런 방법을 '고독蠱毒' 혹은 '무고巫蠱' 등으로 부른다.

이런 일련의 과정에서 궁중 저주 사건을 고발하고 저주물을 찾아내는 데 공을 세운 사람이 있다. 맹인 한충건이라는 사람과 무당 앵무였다.

> 살펴보건대 이번에 일어난 저주의 변고는 궁궐 내부에서 발생한 일인 만큼 지극히 엄하고 비밀스러운 일이다. 그런데 내척內戚 한두 명이 맹인盲人 한충건韓忠建, 요무妖巫 앵무鸚鵡 등과 함께 안팎으로 선동하여 흉물을 발굴했는데도 뭇 사람들이 모두 헤아리지 못하였다.
> —《인조실록》 39권, 인조 17년 9월 2일

한충건에 대해서는 더 이상의 기록이 없어 알 수 없지만 앵무는 귀인 조씨가 친정어머니를 통해 왕래하던 무당이었다. 위 기록에서 '내척 한두 명이' 한충건, 앵무와 함께 선동하여 흉물을 발굴했다고 했는데 '내척'은 귀인 조씨를 가리키는 것이 확실하다. 즉 실제로 흉물을 발굴한 사람은 한충건과 앵무지만 실질적인 주도자는 조씨였다. 이후 한동안 인조의 병환에 대한 기록이 보이지 않는 것으로 보아, 인조는 차차 기력을 회복한 것으로 추정된다. 아마도 우연이거나 심리적인 효과일 가능성이 크겠지만 이 일로 조씨의 입지가 탄탄해지지 않았을까 싶다.

현대인들은 인조의 몸과 마음을 괴롭히던 '사기', 그 사기를 만드는 저주법인 '고독' 같은 것에 대해 비합리적이고 비과학적이라고 생각한다. 그러나 조선시대에는 국왕은 물론 조정의 신하들까지 저주나 주술의 영향력을 믿고 있었다. 귀인 조씨가 주술과 무속에 대한 진실된 믿음이 있었는지 여부는 알 수 없지만, 적어도 그녀는 당시 일반적인 믿음체계를 이용하여 영리한 행동을 한 셈이다. 그렇게 그녀는 국왕의 신뢰를 또 얻었다. 그리고 그해 왕자 숭선군까지 출산하자 다음 해에 정3품 소용의 첩지를 받게 되었다.

〇

〈맹인송경〉.
숭실대학교 한국기독교박물관에 소장된 화가 기산箕山 김준근金俊根(19세기 후반
~말기 활동)의 〈맹인송경盲人誦經〉 작품 이미지이다.
제작연도는 1800년대 후반 그렸을 것으로 추정된다.
맹인이 눈을 감고 북을 치면서 독경을 하고 있다. 독경이란 무속의례 중의
하나로 독경을 행하는 이가 자리에 앉아 경문을 낭독하여 액을 물리치거나
평안을 축원하는 행위를 말한다. 조씨와 협력한 무당 앵무와
맹인 한충견의 모습을 상상할 수 있다.
＊ 출처: 서울역사아카이브.

# 저주의
# 설계자

## 조 귀인을 저주한 후궁 이씨

궁중에서 조 귀인을 건드릴 사람은 없어 보였다. 그녀는 궁중을 자신이 중심이 되는 세상으로 구축해 나갔다. 그녀는 단순히 국왕의 사랑을 갈구하며 꽃처럼 앉아 기다리는 후궁이 아니라 자신의 궐내 입지를 위해 능동적으로 움직이는 여성이었다. 그녀의 적극적인 행동은 수단과 방법을 가리지 않았다. 사람을 모함하거나 해치는 일도 서슴지 않았다. 전해지는 조 귀인에 대한 당시 기록은 하나같이 그녀의 못된 술

책과 음해, 주제넘은 욕심을 지적한다. 이러한 점이 조 귀인을 악녀로 기억하게 만들었을 것이다. 조씨가 인조의 또 다른 후궁 이씨의 저주를 설계하여 모함한 일이 그러한 조 귀인의 면모를 보여 주는 대표적인 사례이다.

후궁 이씨의 이름은 정민貞敏이다. 정민은 조 귀인과 마찬가지로 궁녀로 입궁하여 인조의 눈에 들어 승은을 입고 상궁 첩지를 받아 후궁이 되었다. 조씨는 명문가의 간택 후궁이었던 소의 장씨에게는 별다른 감정이 없었던 반면, 자신과 비슷한 경로로 후궁이 된 이씨에게는 경계심이 있었던 듯하다. 자신이 실세로 자리 잡고 있던 궁내의 분위기를 지키기 위해 이씨를 견제해야 할 필요가 있었다. 그런데 후궁 이씨 정민이 자신이 데리고 있던 궁 소속 비 애향과 연옥을 시켜 궐내 여러 처소에 더러운 기운이 서린 온갖 저주물을 어지러이 묻어 두는 사건이 벌어졌다. 1643년 3월, 이씨가 묻은 물건들이 발견되자 궁궐과 조정 사람들은 잔뜩 긴장했다. 인조는 4년 전 죽음을 걱정할 정도로 크게 아팠던 적이 있고, 그 원인이 자신의 거처 주변에 수없이 묻혀 있던 저주물 때문이라고 생각했다. 궁궐과 조정의 긴장은 그런 경험에서 비롯된 당연한 반응이었다. 상식적으로 봤을 때 후궁 이씨가 인조를 겨냥하여 궐내 각 처소에 저주를 행했을 리는 없다. 이 일을 기록한 《실록》에는 "조 귀인이 (인조의) 총애를 독차지하자 후궁 이씨가 원망을 품고 애향 등으로 하여금 저주하게 한 것이다"라고 기록되어 있다. 이씨가 저주하고자 한 대상이 조 귀인이라는 것이다. 그 이유가 조 귀인에 대한 질투든 아니든 두 사람 사이가 원만하지 않았음을 알 수 있는 대목이다. 사건을 조사하고 후궁 이씨의 궁비 애향과 연옥을 취조하여 주모자와 배후를 가려서 처벌하기까지 약 5개월이라는 시간이 걸린다. 후궁끼리의 일이었지만 저주물을 묻은 장소가 군주가 거처하는 궐내였기 때문에 이 사건은 '반역죄'로 엄중하게 다뤄졌다. 형조에서 의금부로 사건을 이관하여 처리하게 되었다.

## 진짜 범인은 누구일까

후궁 이씨가 저주하고자 한 사람은 '공식적으로' 조 귀인으로 결론이 났다. 그런데 이 사건을 전달한 《실록》의 기사에는 흥미로운 서술이 등장한다.

(후궁 이씨의 저주 사건이) 대개 조씨를 해치려는 속셈
이었다고 하는데, 사실은 조씨가 스스로 저주하여 이씨
를 모해하기 위한 것이었다고도 한다.
—《인조실록》44권, 인조 21년 4월 17일

이는 인조 사후 효종 대에 기술된 내용으로, 효종 즉위 초
반 김자점과 함께 역옥으로 복주된 조 귀인에 대한 정치적
평가가 개입되었을 가능성이 크다. 즉 인조 대에는 후궁 이
씨가 조 귀인을 질투하여 저주했다고 알려진 사건이 효종 대
실록의 사평을 통해 이씨를 모함하기 위한 조씨의 자작극이
었을 가능성이 제기된 것이다. 왜 확실하지도 않은 사안에
대해 추측성 기술을 수록한 것일까? 정치적 이유가 크게 작
용한 듯하다. 역적 김자점과 행보를 같이했던 조씨에 대해
효종 대 사람들은 수단과 방법을 가리지 않는 악랄한 여자로
인식했다.
　그렇다면 이 지점에서 새삼 의심스러운 부분이 생긴다.
‘누가 진짜 범인일까?’ 궐내 전각 곳곳에 저주물을 묻은 사
람은 누구일까? 후궁 이씨의 명을 받은 궁비 연옥과 애향일
까, 조씨의 명을 받은 다른 사람일까? 이와 관련하여 이 저

주 사건을 처리하는 과정에서 석연치 않은 인조의 태도가 주목된다.

인조는 사건을 면밀하게 조사하여 판결하지 않고 서둘러 마무리하기를 원하는 듯한 태도를 보였다. 당초 의금부에서는 이 저주사가 반역에 해당하는 민감한 사안이기에 의금부 단독으로 처리하기 어렵다는 의견을 인조에게 올렸다. 이에 대해 인조는 의금부에서 알아서 판단해 처리하라고 했다. 다시 의금부에서는 이렇게 중대한 일을 어떻게 내수사의 추국안에만 근거하여 판단할 수 있겠냐며 재고를 청했다. 그러나 인조는 의금부의 청을 물리치며 애초에 하교한 대로 내수사의 취조 내용을 근거로 의금부에서 죄를 판단하라며 기존 입장을 바꾸지 않았다. 그리고는 그다음 날 어째서 애향 등의 죄를 판결한 공사公事를 입계하지 않냐며 재촉했다. 의금부에서는 책임자인 판의금부사가 말에서 떨어지는 부상을 당해 처리가 늦어지고 있다고 답했다. 다음 날, 이 일을 단독으로 처리하기 부담스러웠던 의금부에서는 의금부 당상들이 체차되거나 파직되어 일의 진행이 어렵다면서 단독으로 사안에 대한 판결이 불가능함을 재차 알렸다. 현실적으로 빠른 마무리가 불가능한 상

황이었다. 며칠 뒤에 의금부에서는 자세한 조사를 위해 죄
인들에 대한 추가 추국을 진행했다.

이렇게 하루빨리 사건을 마무리하고 싶어 하는 인조와, 내
수사의 추국안만을 믿고 판결을 내릴 수 없기에 시간을 들여
죄인들에 대한 추가 심문을 원한 의금부 사이의 줄다리기는
후자의 원대로 처리되었다. 그 결과 당시 20세였던 애향은
군기시 앞에서 능지처사를 당했고 그녀의 아버지는 절도에
유배되었다. 애향과 같이 저주사를 행한 연옥 역시 39세의
나이로 당고개에서 참형을 당했다. 그런데 이것이 끝이 아니
었다. 정작 중요한 일은 저주를 실행한 애향과 연옥을 움직
인 '배후'를 밝혀 내고 처벌하는 것이었다.

이미 의금부에서는 애향 등에 대한 추가 심문을 통해 배후
가 누구인지 자백을 받아 냈고, 그 사람에 대한 논죄만이 남은
상황이었다. 그런데 인조는 아직 결말이 나지 않았으니 기다
리라고만 했다. 인조는 애초부터 이 저주사에 대한 처결을 서
둘러 완결하고 더 이상 언급되지 않기를 원하는 듯했다. 그도
그럴 것이 애향과 연옥에게 지시하여 이들을 움직일 사람이
누군지는 뻔했다. 바로 이들의 상전인 후궁 이씨였다. 아마도
애향 등은 조사 과정에서 후궁 이씨를 비롯한 몇몇의 이름을

불었을 것이다. 인조는 이씨를 어떻게 처리할지 속으로 결심이 서지 않았던 모양이다. 그래서 배후를 법에 따라 처벌하자는 의금부의 의견에 기다리라고만 하며 처결을 미루고 있었다. 다음 날 다시 한번 그 '배후'를 처단하자는 합계를 올린 의금부에 대해 인조는 자신을 귀찮게 하지 말라며 짜증을 내기까지 했다.

인조의 태도는 이 저주 사건을 후궁 이씨가 직접 지시하고 주도했는지, 한마디로 그녀가 조 귀인을 저주한 범인인지 확신하지 못했음을 암시한다. 인조는 궁비 애향과 연옥을 처벌하는 것으로 사안을 마무리하고 싶었는지도 모른다. 이유는 두 가지로 추정해 볼 수 있다. 먼저 후궁 이씨가 조 귀인을 저주한 것이 사실일지라도 이를 후궁들 사이의 다툼 정도로 여기고 이씨를 '반역'이라는 거창한 죄목으로 다루고 싶지는 않았을 것이라는 가정. 다른 하나는 사실 이씨는 조 귀인에게 모함을 당한 것이고, 이를 짐작한 인조가 이씨의 궁비를 처벌하는 선에서 마무리하고 싶었을 가능성이다.

* 그림: 김효정.

## 저주 사건의 종결, 조 귀인의 도약

어떤 연유인지 이로부터 두어 달이 지난 1643년 6월 22일, 인조는 돌연 "화심禍心을 품고 악행을 일삼은 천한 여자들의 성품을 감화시키기가 불가능하다"며 남을 해치고자 하는 독한 마음이 궁궐을 더럽힐까 염려되니 이씨를 서둘러 전라도 진도군에 정배하라는 전교를 내린다. 그리고 그다음 달인 7월 15일에 이씨의 죄가 크고 극히 악하다며 사약을 내리라는 전교를 승정원이 아닌 내수사를 통해 의금부에 내린다. 이 처분을 두고 당시 사람들은 국왕의 명령이 승정원이 아니라 내수사를 경유한 것을 지적했다. 인조는 공식적인 루트를 통해 이 사건을 종결하려 하지 않는 모습을 보였다. 후궁 이씨의 마지막은 자진自盡이었다는 《실록》의 기록과 사약賜藥이었다는 《승정원일기》의 기록이 완전히 일치하지는 않는다. 어쨌거나 그녀는 결국 머나먼 진도에서 삶을 마감했다.

인조가 왜 후궁 이씨를 보호하려던 처음의 태도를 몇 달만에 돌연 바꿔서 서둘러 이씨를 사사했는지 그 이유는 알수 없다. 다만 이 저주 사건이 근본적으로 후궁 이씨와 조 귀인 사이의 일이라는 것을 고려하면 인조의 처분이 의미하는 바를 알 수는 있다. 인조는 결국 조 귀인의 손을 들어준 것이었다. 《실록》의 기록대로 조 귀인이 저주 사건을 설계하여 이씨를 모함한 것이 맞다 하더라도, 즉 조씨가 이 사건의 진범이라 해도 이 시점에서 그러한 사실은 무의미했다. 조씨는 이 사건을 통해 자신에 대한 인조의 신임을 재확인했을 것이다. 그러나 조 귀인은 단지 남편에게 사랑받는 여자임을 확인하는 데에서 만족하지 않았다. 그녀는 이 일을 통해 자신의 목표에 한 걸음 더 다가갈 수 있었다. 내명부 권력의 중심이 되는 데 도움이 될 만한 기술, 즉 '저주'를 둘러싼 당시 사람들의 감정과 인식을 적절하게 이용하는 기술을 습득한 것이다.

괴력난신을 멀리하라는 유학에서의 가르침에 따라 저주 같은 무속에 대한 믿음을 공식화하거나 표면화하지 못하는 당시 남성 엘리트의 일반적 태도에도 불구하고, 앞서 인조의 사례에서도 관찰되듯 조선의 남성들 역시 실제 삶에서는 무속의 믿음체계를 부정하지 못했다. 인조는 자신의 병이 저주 때문이라고 믿었으며, 후궁 이씨의 저주 사건은 '반역죄' 범주에서 논의되었다. 이 모순과 간극을 채워 주는 주체는 조선의 여성들이었다. 조 귀인은 저주의 효과를 두려워하는 인조를 대신해서 이 일을 처리하고 무속적 수단으로 인조를 정신적으로 위로함으로써 신임을 얻었다.

조씨는 무속신앙에 대한 남성 엘리트의 이중적 태도를 어떻게 이용할 수 있는지도 터득한 것으로 보인다. 그녀는 무속적 수단과 이에 대한 당시의 인식을 적극적으로 활용하면서 궐내에서 자신의 입지를 지속적으로 확보하는 모습을 보여 주었다.

# 재앙의
# 뿌리 같은 여자

## 기 센 며느리의 귀향

1645년 소현세자와 세자빈 강씨가 청나라 심양에서의 볼모
생활을 마치고 마침내 귀국했다. 강빈은 병자호란 당시 강화
도가 함락되자 내명부의 수장으로서 절개를 지키기 위해 부
친 강석기와 자결하려 했으나 실패하고 결국 청나라에 인질
로 가서 장장 8년을 살게 되었다. 적국 심양에서의 볼모생활
이 쉽지는 않았겠으나 그녀는 하릴없이 시간을 보내지 않았
다. 청 황실 사람들 및 청 조정의 고관들과 교유하고 적극적

으로 경제활동을 하며 가산을 크게 일으키기도 했다. 결코 평범하지 않았던, 오히려 당시 남성들의 시선에서 보면 강빈은 기가 센 여자에 속했다.

이런 그녀가 조선에 영구 귀국을 했을 때, 시아버지인 인조는 어떤 마음이었을까? 보통의 상황이었다면 어린 왕비인 장렬왕후를 도와 내명부를 맡길 수 있는 적임자가 돌아왔다며 흡족하게 생각했겠지만 인조의 마음은 달랐다. 그가 장남인 소현세자를 자신의 정적으로 인식하고 잔뜩 경계했기 때문이다. 총명하고 의욕 넘치는 강씨는 인조에게 '기가 센 며느리' 자체였다. 조 귀인에게도 강씨는 경계 대상이었다. 산전수전 다 겪고 귀향한 강빈은 인조에게 외면당한 장렬왕후의 자리를 채우고 내명부를 장악할 정도의 기세와 능력이 있었다. 강빈이 없는 동안 적극적으로 궐내 입지를 구축하여 사실상의 일인자였던 조씨는 강빈의 귀향이 달갑지 않았다.

## 조 귀인의 연전연승

소현세자가 귀국 후 두 달 만에 34세의 나이로 갑자기 사망했다. 남편을 갑자기 잃은 강씨는 이 사실을 받아들이기 힘

* 그림: 김효정.

들었다. 도대체 왜? 그때 강빈 처소의 애란이라는 나인이 세자가 중국에서 가져온 비단이 흉화의 원인이니 이것을 빨리 물에 띄우거나 불에 태워 신에게 사죄해야 하며, 그렇게 하지 않으면 계속해서 화를 당할 것이라는 어떤 무당의 말을 듣고 와서 강빈에게 전해 주었다. 졸지에 남편을 잃은 강빈은 자신이 신임하는 나인이 전해 준 말을 믿었다. 비록 남편은 죽었지만 자신에게는 원손을 비롯하여 지켜야 할 자식들이 있었다. 무당의 말대로 해야 뒤탈이 없을 거라 믿은 그녀는 애란을 시켜 비단들을 모두 찾아내서 없애도록 했다. 그래서 애란이 비단의 수량을 검사하고 있었는데, 그때 조 귀인이 애란의 처소에 들렀다. 우연을 가장한 방문이었다. 조 귀인은 애란을 도와 비단의 정리를 돕는 척하다가 돌연 쓰러졌다. 나쁜 기운이 묻은 물건을 정리하다가 임금이 제일 사랑하는 후궁이 화를 당한 셈이 되었다.

'사기', 그것은 인조가 매우 두려워하는 것이기도 했다. 직접적으로 인조를 겨냥하여 저주를 시도했다는 증거는 없었지만, 이 일로 인조는 강빈을 크게 의심했다. 결국 무당과 내통했다는 지극히 '정상적인' 이유로 애란을 절도에 귀양 보냈다. 사기에 의한 저주의 효과를 믿고 있던 인조의 두려운 마음을 조 귀인이 혼신을 다한 연기로 움직인 것이었다.

이 일이 있은 후, 소현세자의 장남인 원손을 인조의 뒤를 이을 후계자로 정할 것이라는 대다수의 예상과 달리 인조는 세자의 동생인 봉림대군을 후계자로 정했다. 인조의 강한 의지가 작용한 결과였다. 강씨의 마음은 무너졌다. 기록에 따르면 시아버지인 인조를 향해 큰소리로 울부짖으며 성내고 통곡했다 한다. 인조는 그런 며느리에게 "개새끼"라는 막말을 하기도 했다. 강빈의 운명은 결정되었다. 조용히 궁을 나갈 것인가, 죄를 짓고 쫓겨날 것인가의 길이 있을 뿐. 반면 조씨는 봉림대군이 세자가 된 이후 소용에서 정2품 소의로 승품되었다. 그녀는 차근차근 궁궐 내에 자신의 세상을 만들어 가기를 멈추지 않았다.

나인 애란의 사건이 종결된 직후인 그해 8월, 궁궐에서 다시 저주 사건이 발생했다. 강빈 처소의 나인 신생이 궐내 여기저기에 흉물이 묻혀 있다며 고발한 것이다. 이 말을 듣고 전각 밑을 비롯한 여러 장소를 뒤져 보니 사람의 뼈와 구리로 만든 사람의 형상 등이 다수 발견되었다. 신생은 이 일과 관련된 사람 10여 명을 지목했는데, 대부분 강빈 주변의 사람들이었다. 특히 궐내의 여종이었던 애순은 강빈에게 불리한 진술을 쏟아

냈다. 공초에 따르면, 강빈이 자신을 통해 가음금에게 사람의 뼈를 구해 들여오라고 해서 가음금이 사람의 두개골과 팔다리 뼈를 가지고 와 궁내에 반입했고, 그 뒤에도 부순 뼈를 광주리에 담아 네 차례 들였다고 했다. 또한 강빈의 친정어머니도 궁에 저주용 흉물을 반입했다고 말했으며, 봉림대군의 세자 책봉 이후에는 세자궁을 저주하고 어선에 독약을 넣는 일도 시도했다고 진술했다. 강빈이 궁내에 흉물을 반입하여 저주를 하거나 직접 독약을 쓰는 방법으로 인조와 세자를 해하려 했다는 어마어마한 진술이었다.

강빈 처소의 궁인인 계환과 계향이 취조 과정에서 고문을 받다가 죽었다. 원손의 보모였던 상궁 최씨도 고문으로 사망했다. 강씨의 모친은 90이 넘은 나이였음에도 모진 고문을 받았다. 강빈의 친족과 처소의 나인들을 비롯한 주변인들은 저주사에 연루되어 죽거나 귀양을 갔다. 결정적으로 이듬해인 1646년 정월, 인조의 수라에 올라온 전복구이에서 독이 발견되었다며 유력한 용의자로 강빈이 지목되고, 그녀는 별당에 유폐되었다. 그리고 인조는 대다수 신료의 반대에도 불구하고 강빈을 사가로 폐출하고 사사했다.

이 일련의 일들을 기획하고 실행하여 강빈을 죄인으로 만든 사람은 조 귀인이었다.

조씨는 성품이 엉큼하고 교사스러워서 뜻에 거슬리는
자를 모함하기 일쑤였는데, 소현세자빈 강씨를 가장 미
워했다.
—《인조실록》 46권, 인조 23년 10월 2일


강씨는 성격이 거셌는데, 끝내 불순한 행실로 상의 뜻
을 거슬려 오다가 드디어 사사되기에 이르렀다. 그러나
그 죄악이 아직 밝게 드러나지 않았는데 단지 추측만을
가지고서 법을 집행하였기 때문에 안팎의 민심이 수긍
하지 않고 모두 조 숙의에게 죄를 돌렸다.
—《인조실록》 47권, 인조 24년 3월 15일


《인조실록》의 기록에 따르면 조 귀인은 자신의 입지에 가
장 위협이 되는 인물로 강빈을 꼽았던 것 같다. 그래서 그녀
를 가장 견제했고, 저주사부터 독살까지 강빈을 옭아맬 일련
의 사건을 기획했던 것으로 추정된다. 당시 사람들이 조씨에
게 죄를 돌렸다는 기록은 그녀가 강빈의 몰락에 기여한 바가

컸음을 알려 준다.

## 권력 스파이크

조 귀인은 명실상부 내명부 최강 권력을 차지했다. 중전인 장렬왕후는 인조에게 사실상 소박을 맞고 별궁에 고립된 상태였기 때문에 허울뿐인 왕비였다. 궁궐 내 실세는 조 귀인이었다. 강빈의 옥사를 기점으로 그녀의 힘은 수직 상승하는 것처럼 보였다. 이를 보여 주는 일이 강빈이 사사된 지 1년 후 1647년 조씨의 딸인 효명옹주와 김자점의 손자 김세룡의 혼인이다.

김자점은 인조가 엄청난 반대에도 봉림대군을 세자로 삼을 때나, 강빈의 옥사에서 그녀를 대역죄로 규정할 때 임금의 의향에 완벽하게 영합해 인조를 흡족하게 했다. 강빈의 일이 마무리되고 김자점이 영의정에 제수된 것은 인조의 보은 인사였다. 조정에서는 김자점, 내명부에서는 조 귀인, 이 둘이 사돈을 맺어 구축한 권력은 누구도 넘볼 수준이 아니었다. 1649년 조 귀인은 드디어 귀인으로 봉해지며 자신이 달성한 궐내 입지에 걸맞은 타이틀을 획득했다. 입궁 19년 만이었다.

하지만 이렇게 휘몰아치듯 맞이한 영광은 하루아침에 위기를 맞이한다. 권력의 정점에 오르고 3개월 만에 인조가 사망한 것이다. 조 귀인이 달성한 성과는 그녀가 오랜 시간 만들어 온 것임에도 불구하고 남편인 인조의 비호가 사라진 순간에는 위태로울 수밖에 없었다. 권력의 정점에서 얼마 머무르지 못하고 급격한 추락을 맞이해야 하는 시간이 왔다. '권력 스파이크'가 발생한 것이다.

## 저주로 흥하고 저주로 망하다

인조의 뒤를 이어 효종이 즉위하자 조 귀인은 궁을 떠났고, 그녀가 고립시켰던 장렬왕후는 대비가 되어 다시 궁에 돌아왔다. 조씨는 이 시기에 무속에 빠져 자신의 처소로 무당을 자주 불렀다고 한다. 이전까지 저주의 힘을 믿는 자들의 심리를 이용하며 자신의 입지를 다진 행보와는 사뭇 다른 모습이었다. 장렬왕후는 조씨의 이런 모습을 문제삼아 처소 여종을 불러다가 매질을 하기도 했다.

결정적인 문제는 조 귀인의 며느리인 숭선군부인 신씨를 통해 발생했다. 신씨는 조 귀인의 며느리였지만 이모가 바로 장렬왕후였다. 이런 이유로 조 귀인은 자신의 며느리인 신씨를 매우 구박하고 미워했다. 그래서 신씨를 대신할 숭선군의 새로운 배필로 효명옹주의 여종 영이를 점찍고 숭선군의 첩으로 만들어 같이 살게 했다. 이 일을 알게 된 장렬왕후는 영이를 직접 불러 꾸짖었고, 그 와중에 겁에 질린 영이는 조 귀인이 무당 앵무를 자주 불러 괴이한 일을 많이 한다고 했다.

영이의 말을 전해 들은 효종은 조 귀인 주변 사람들을 본격적으로 조사하라는 명을 내린다. 그 결과 조 귀인이 장렬왕후와 며느리 신씨를 저주했다는 사실이 밝혀졌다. 인조 사망 이후 하루아침에 자신이 구축한 권력의 세계가 무너진 것에 대한 복수의 감정이 크게 작용했던 것으로 보인다. 장렬왕후가 보란 듯이 궁궐에 복귀하여 자신이 누렸던 것을 차지하고 있다는 생각이 었을 듯싶다.

그런데 조 귀인이 궐에 저주를 행한 것에 대한 조사가 한창 진행될 때 하필 그녀의 사돈 김자점의 역모 모의가 드러났다. 김자점의 아들이 조 귀인이 효종을 저주하여 죽이고 그 자리에 자신의 아들인 숭선군을 세우려 했다는 말을 효명옹주를 통해 들었다고 자백한 것이다. 조 귀인의 저주 대상이 국왕으로 확대된 셈이다. 그러나 조 귀인 주변 인물들을 문초해도 국왕에 대해 저주했다는 자백은 나오지 않았다. 조 귀인이 어느 선까지 저주를 기획했는지, 그녀가 궁극적으로 무엇을 의도하고 이 일을 감행했는지는 알 수 없지만, 장렬왕후를 저주하려 한 것만은 확실했다. 그녀는 자신이 획득한 것을 하루아침에 잃은 상황을 받아들이지 못한 채 자신이 이용했던 상황에 스스로 빠져들었다.

> 역적 조씨의 악독함을 보면 실로 화태禍胎 같은 종자이다. 역적들과 서로 결탁하였고 딸을 사주하였다. 이에 산천에서 기도하고 축원한 것이 모두가 임금을 저주하는 말이었으며, 무덤의 나무와 해골 가루가 모두 저주하는 도구가 되었다. 자전을 원수로 보았으며 나를 음해하고자 하였다.
>
> ─《효종실록》7권, 2년 12월 20일

조 귀인은 결국 '재앙의 뿌리(화태) 같은 종자'가 되었다. 그녀는 국왕을 저주한 역적이 되어 저주 사건이 발생한 20일 후에 자진하라는 명을 받고 죽게 되었다.

## 젠더화된 구조 속에서 반복되는 클리셰

우리는 조 귀인을 그녀의 마지막 행적을 통해 기억한다. 인조의 총애로 부귀영화를 누리다가 그것이 사라지자 저주를 통해 복수하고 역모까지 시도한 여자, 교활하고 욕심 많지만 교양 없는 악녀. 조씨가 궁중에서 누린 지위는 그녀가 적극적으로 구축한 권력의 장에 기반한 것이었다. 조 귀인은 자신이 누리는 부와 영예가 남편으로부터 제공되길 기다리기보다는 자신이 동원할 수 있는 수단을 이용하여 획득하려 했다. 무속신앙에 기반한 주술은 조씨가 사용한 중요한 무기였다.

조 귀인이 주술을 이용하는 방법은 단순하지 않았다. 저주가 사람을 해치는 범죄라는 당시의 인식을 십분 활용하여 경쟁자를 제거하기도 하고, 주술의 실제적인 효과를 믿는 심리를 이용하여 타인이 자신을 믿고 의지하게 만들기도 했다. 비록 자신을 멸망의 길로 이끌었지만, 마지막에는 복수와 욕망을 실현하기 위해 저주를 감행했다. 여러 방식으로 주술을 이용한 조씨의 모습은 무엇을 의미할까? 그녀가 조선 남성들의 기준에서 유식하고 교양 있는 여성상은 아니었을 것이다. 터부시되던 무속신앙을 적극적으로 활용하는 모습은 조 귀인을 재앙의 결정체, 악녀로 규정하게 만들었다.

공식 기록에서 확인되는 '악녀 조 귀인'은 유학 이념에 충실한 남성과 무속신앙에 기대는 여성이라는 조선의 젠더화된 구조 속에서 형성된 것이다. 비합리적이고 충동적이며 욕망에 사로잡힌 비도덕적인 여성이 선택하는 저주라는 수단은 조선의 상층 남성들이 좀처럼 가까이하지 않는 것이었다. 그러나 인조의 사례에서 확인되듯, 사실 그들도 현실에서는 무속신앙의 힘을 인정했다. 다만 그것을 공식적으로 표하지 않을 뿐이었다. 이들의 고아하고 절제된 이미지는 조 귀인 같은 여성들이 대신 무속과 저주를 수행하며 지켜 준 것일 수도 있다. 이러한 양상은 비단 조 귀인에게서만 나타나는 것이 아니었다. 그 이전에도 이후에도 저주하는 여성이 악'녀'화된 사례는 흔하게 관찰된다. 그리고 이 구조화된 클리셰는 현재까지도 진행형이다.

## 참고문헌

- 《조선왕조실록》,《추안급국안》,《승정원일기》.
- 김호, 〈효종 대 조 귀인 저주 사건과 동궐 개수〉,《인하사학》 10, 2003.
- 김인숙, 〈인조 대의 궁중 저주 사건과 그 정치적 의미〉,《조선시대사학보》 31, 2004.
- 김지영, 〈17세기 인조 가족의 갈등 양상과 세 왕실 여성의 주체성〉,《여성과 역사》 38, 2023.
- 윤정, 〈인조 대 후반 장렬왕후 경덕궁 이어의 정치적 의미—후계구도 변경 및 강빈 옥사와의 관련성을 중심으로〉,《서울과 역사》 112, 2022.
- 이왕무, 〈소현세자빈 강빈의 옥사와 신원〉,《역사와 담론》 69, 2014.
- 하여주, 〈인조-현종 대 장렬왕후의 생애와 지위 변화〉,《여성과 역사》 28, 2018.

# 여자, 수절하다

장지연

조선 후기, 과부의 수절은 일반화되어 있었다고 일컬어진다. 그런 흐름을 추동한 법령이 있었다. 바로《경국대전》의 다음 조항이다.

> 행실이 나쁜 부녀 및 재가한 여성의 소생은 동·서반의 관직에 서용하지 않는다.
>
> —《경국대전》이전吏典 경관직京官職

'재가녀지소생 물서동서반직再嫁女之所生勿敍東西班職', 이 열두 글자는 조선 후기 사대부가 여성들의 재혼을 막는 가장 강력한 금령이 됐다. 사실 이 조항은 처음《경국대전》이 반포되었을 때에는 포함되지 않았다. 일찍 과부가 되는 경우도 많은데 세 번은 좀 심해도 재혼 정도는 어쩔 수 없다는 것이 당대의 평균적인 관념이었다. 그러나 15세기 젠더 규범 만들기에 열심이었던 성종은 해당 조항의 추가를 강행했다. 당대 관료 대부분의 반대를 무릅쓰고 들어간 이 조항은 이후 엄청난 힘을 발휘했다.

관직 진출을 통해 신분과 지위를 유지해야 하는 사대부가에서는 이 법령 때문에 재혼을 단념했다. 사대부 출신이 아닌 계층의 경우 재가에 딱히 제약이 있지는 않아서 실제로는 흔히 재가하곤 했다. 하지만 사회 분위기상 그다지 명예로운 행위로 여겨지지는 않았다. 사회 분위기가 이렇게 잡히자 수절하는 여성뿐만 아니라 열녀, 즉 죽음으로 자신의 절개를 증명하는 여성도 증가했다. 사대부 여성은 물론이고 하층 여성들까지 절개를 위해 목숨을 던지는 일이 늘어났다.

더 이상한 점은 강간과 같은 위협적 상황도 아니고 남편이 특별한 변고로 죽은 것도 아닌데 남편을 따라 죽는 여성들이 증가했다는 것이다. 18~19세기에는 이러한 열녀들을 칭송하는 글과 그러한 현상을 우려하는 글이 함께 등장한다.

당시 여성들은 왜 수절을 하고, 왜 자살을 했을까? 사대부 남성은 그 여성들의 정신세계를 얼마나 이해했을까? 정절과 열녀의 행실에 대해 제대로 배운 적 없는 하층 여성들은 왜 자살했을까?

여기에서는 함양 과부 박씨와 덴동 어미, 향랑이라는 세 인물을 통해 그 단서를 찾아보고자 한다.

# 함양 과부
# 박씨의 자살

1793년(정조 17), 안의(현 경남 함양군 안의면) 현감 박지원朴趾源
(1737~1805)은 바깥의 부산스러움에 새벽잠을 설쳤다. 그는
이날의 일을 이렇게 생생하게 글로 옮겼다.

내가 잠이 살짝 깼을 때, 마루 앞에서 몇 사람이 낮은 목소
리로 소곤거리다가 탄식도 하다가 슬퍼도 하는 소리를 들었
다. 무슨 급히 알릴 일이 있는 모양인데, 내 잠을 깨울까 두
려워하는 듯했다. 내가 목소리를 높여 "닭이 울었느냐?" 묻
자, 좌우에서, "이미 서너 머리 울었습니다"라고 대답했다.

"밖에 무슨 일이 있느냐?"

"통인 박상효의 조카딸로서 함양으로 출가하여 일찍 과부가 된 이가 있는데, 남편의 삼년상을 마치고서는 약을 먹어 숨이 끊어지려 하니 와서 구해 달라고 급히 연락이 왔습니다. 그런데 상효가 마침 숙직 당번이라 황공하여 감히 사사로이 가지 못하고 있습니다."

나는 빨리 가 보라고 명했다.

해 질 녘 "함양의 과부가 소생했느냐?" 물었더니, 좌우에서 "이미 죽었다고 들었습니다"라고 했다.

나는 "열녀로다, 그 사람이여!"라고 길게 탄식하고, 박씨가 어떤 사람인지, 무슨 사연을 지닌 것인지 주위 아전들에게 물었다.

—《연암집》권1, 연상각선본 〈열녀 함양 박씨전〉


아전들이 전한 사연은 이러했다. 박상효의 조카딸 박씨는 아전 집안 출신이었다. 어려서 부모를 잃고 조부모 손에 자라 열아홉 살의 나이에 함양의 임술증에게 시집을 갔다. 시집 역시 아전 집안. 비슷한 격의 집안에 남편 될 이의 인물도 좋다는 평이었으니, 백년해로만 할 수 있었다면 정말 좋았을 것이다. 그러나 불행히도 이 인물 좋은 남편은 건강이 좋지 못했다. 슬쩍 엿보고 온 사람은 정혼자가 폐병이 심해 버섯같이 비리비리한 몰골이라고 전하기까지 했다. 조부모는 그제라도 혼인을 그만두려 했으나, 박씨는 이미 혼처를 정한 터에 바꿀 수 없다고 우겼다. 혼례는 예정대로 추진되었으나, 그것은 이름뿐인 잔치였다. 임술중은 신붓집에서 간신히 예만 갖춘 뒤 합방도 못한 채 돌아갔고, 그 길로 머지않아 세상을 떠났다.

남편의 사망 소식을 들은 박씨는 시집으로 달려와 통곡했다. 그리고 개가를 권하는 조부모와 시부모의 말을 거부하고 시집에서 정성을 다해 남편의 상을 챙겼다. 상기 중 시부모 봉양까지 살뜰히 챙기던 그녀는, 남편의 대상大祥을 치르며 삼년상을 마치는 날, 독을 먹고 자결했다.

갓 스물을 넘긴 이 젊은 여성의 자살 이야기는 빠르게 지역 사회를 달구었다. 함양 군수 윤광석尹光碩은 이 여성이 현몽하는 신묘한 경험까지 하고서는 열부전을 짓고 조정에 알려 포상을 요청했다. 인근 고을인 산청의 현감도, 거창의 선비도 이 여성을 기리는 글을 지었다. 이러한 열기와 주위의 노력으로 박씨에게는 열녀라는 칭호와 함께 정려가 내렸다.

○

《동국신속삼강행실도》 열녀도 중 〈말상자경末常自經〉(끝상이 스스로 목을 매다).
그녀의 이름은 김끝상. 이천현의 평범한 양녀였다.
임진왜란 중 왜구에게 쫓기게 되자 자신의 띠를 풀러 목을 매고 자살하였다.
그녀를 쫓다 허탕을 친 왜구는 분에 못 이겨 허리를 두동강이 내버리고 만다.
변고로 인해 열녀가 되는 케이스란 이런 것을 말하는 것이리라.
* 출처: 서울대학교 규장각한국학연구원 소장.

박지원의 글 역시 이러한 열녀전의 형식을 띠고 있으나, 그의 글은 다른 이들과 약간 결을 달리한다. 일단 그가 지은 〈열녀 함양 박씨전〉에는 서序가 함께 붙어 있는데, 이 부분이 훨씬 길다. 여기에서 박지원은 과부 수절 정도가 아니라 목숨을 버리는 열녀들이 곳곳에서 나오는 작금의 현상을 다음과 같이 비판했다.

촌구석의 어린 아낙이나 여염의 젊은 과부 같은 경우는 친정 부모가 억지로 개가하라며 핍박하는 것도 아니고 자손이 관직에 못 나가는 수치를 당하는 것도 아니건만, 한갓 과부로 지내는 것만으로는 절개를 이루기 부족하다 생각하여, 남편을 따라 죽으려고 물에 빠져 죽거나 불에 뛰어들어 죽거나 독약을 먹고 죽거나 목매달아 죽기를 마치 낙토를 밟듯이 하니, 열녀는 열녀지만 어찌 지나치지 않은가!

—《연암집》 권1, 연상각선본 〈열녀 함양 박씨전〉

《경국대전》에 실려 있는 '재가녀의 자손은 관직에 서용하지 않는다'는 규정이 어찌 무지한 일반 백성 때문에 만든 것이겠냐고 한 박지원은 사대부가 출신도 아닌 여성들이 자결까지 하는 현상을 도무지 이해할 수 없었다. 때문에 그는 아전의 딸 박씨의 자살 동기를 이렇게 추정했다.

그 마음은 이렇지 않았을까? '나이 어린 과부가 세상에 오래 머물면 늘상 친척에게 불쌍히 여기는 바나 되거나 이웃들이 함부로 쑥덕대는 바를 면하지 못할 것이니, 이 몸이 빨리 없어지느니만 못하다'고.
—《연암집》권1, 연상각선본 〈열녀 함양 박씨전〉

박지원은 박씨의 자결을 주변의 동정이나 받고 이상한 소문의 주인공이 될 것이라는 울분, 혹은 절망에서 비롯했다고 보았다. 그녀의 죽음이 남편에 대한 신의를 지키고 욕망을 절제할 줄 아는 숭고한 도덕심에서 기인했다고 보지 않은 것이다.

정말 박씨는 저런 절망감 정도로 자살한 것이었을까? 그런 정도로 마음을 먹을 사람이었다면 애초에 죽을병에 걸린 정혼자와 파혼해 버리지 않았을까? 박지원의 추정은 어쩐지 그녀의 동기를 충분히 설명하지 못하고 있다는 생각이 든다. 사실 그는 박씨의 이야기 중 중요한 한 부분을 생략했다.

# 박지원이 생략한
# 박씨의 유서

박지원은 박씨의 동기를 저렇게 마음대로 추측할 필요가 없었다. 그녀가 직접 언문으로 유서를 남겼기 때문이다. 다른 이들이 쓴 〈열부 박씨전〉에는 모두 이 유서 이야기가 빠지지 않고 나와 있다. 언문을 한문으로 옮겼기에 문구가 정확하게 일치하지는 않지만 그 내용은 대체로 다음과 같다.

지아비를 잃고 어찌 구차히 시일을 연장하여 살고 싶겠습니까마는 지아비에겐 혈육도 없고 상청을 지킬 사람도 없으니, 대상까지 치르고 함께 죽고자 합니다. 살아서 같은 방을 쓰지 못했으나, 죽어서는 같은 뭇자리에 묻히기를 바랍니다.

남편이 죽은 그 순간부터 죽기를 각오했으나 상례를 끝까지 제대로 마쳐야 한다는 책임감에 일단 버텼고, 탈상하는 날 죽고자 하니 같은 뭇자리에 묻어 달라는 것이다. 이 유서 자체는 당대 열녀들의 상투적인 이야기와 비슷해서 무심히 넘기기 쉽다. 그러나 그 상투성을 떼어 내고 행동만을 모아 놓고 보면, 그녀가 열녀가 되기 위해 꽤 긴 기간 동안 차근차근 준비해 왔음을 알 수 있다. 3년짜리 열녀 되기 프로젝트 라고나 할까.

그녀에게는 열녀가 되지 않아도 될 몇 차례의 기회가 있었다. 첫 번째가 정혼하고 아직 혼례를 치르기 전이다. 신랑의 병세가 전해졌고 조부모를 비롯한 주변 모두가 결혼을 만류했다. 그러나 그녀는 이를 거절하고 그대로 결혼했다. 두 번째는 남편의 소상을 마치고 친정에 왔을 때였다. 조부모가 대상 때까지 가지 말고 친정에 머물 것을 권한 것이다. 아마도 조부모는 대상에 참여만 하게 하고 이후 개가시킬 요량이 었을 것이다. 그러나 병까지 걸려 앓는 외중에도 그녀는 시집에 돌려보내 줄 것을 간청했고, 마침 시어머니 상을 입게 되자 그 핑계로 시집에 돌아가 시모의 상까지 치렀다.

그녀의 자살 계획은 치밀하게 수행되었다. 대상을 앞두고 남편의 무덤을 살피고 온 박씨는, 묘 터가 한쪽으로 치우쳐졌으니 길지가 아니라며 다른 곳으로 옮겨 달라고 시아버지에게 호소했다. 후에 자신이 같이 묻힐 자리가 부족하지 않을지 염려했던 것이다. 유서의 "같은 묫자리에 묻히기를 바란다"는 말은 그냥 하는 소리가 아니었다.

대상 날에는 제수를 직접 장만하여 제를 지내고 부부의 적삼을 꺼내서 동심결을 만들어 놓고 기도한 후 함께 불살랐다. 동심결은 두 고를 내고 맞죄어 매는 매듭을 말한다. 납폐 때 쓰는 실이나 염습의 띠를 매는 매듭 등에 쓰는 것이니, 부부의 저고리를 연결한 이 동심결은 죽은 후에도 부부로 이어질 인연임을 표현하고자 한 것일 테다. 남편의 대상에 맞추어 집에 온 삼촌에게 미리 자신이 죽을 것도 알렸고, 여종에게 남편의 운명 시각이 되었는지를 묻고는 그 시각에 맞춰 독을 먹고 자결했다. 세심하게 준비한 자살의 의례, 삼촌과 여종이라는 증인의 마련, 거기에 자신의 의지를 직접 서술한 언문 유서까지. 이 모든 과정은 그녀가 남편의 탈상 날, 그

《오륜행실도》 중 영녀정절(영씨의 딸이 절개를 지키다) 부분.
16세의 영녀는 혼례를 올리기 전 정혼자가 죽었으나,
시집에 가 남편의 상을 충실히 치르고 50년이 넘게 시부모를 살뜰히 봉양했다.
열녀 박씨가 보고 감명받은 언문 책은 바로 이런 이야기가 아니었을까.
* 출처: 서울대학교 규장각한국학연구원 소장.

사망 시각까지 맞춰 자결하기 위해 얼마나 치밀하게 의례를 준비하고 실행했는지를 보여 준다. 과연 이 정도의 준비가 친척들의 동정이나 이웃들의 쑥덕임을 근심한 일시적 기분에서 비롯한 것이었을까?

열행에 대한 박씨의 숭모는 남편의 죽음으로 인해 갑자기 발동한 것이 아니었다. 거창 선비 신돈항이 지은 〈열부 박씨 행록烈婦朴氏行錄〉에는 그녀가 "어릴 때부터 언문으로 된 책을 읽다가 옛사람들의 효행이나 열행 대목에 이르면 소리 높여 낭송하며 흠모하기를 그치지 않았다"는 구절이 나온다. 박씨가 읽은 언문 책은 아마도 《삼강행실도》 류인 듯하다. 어릴 때 할머니가 편찮으실 때도 정성을 다해 간호하던 효손 박씨는 열녀와 같은 위인이 되고 싶다는 강한 열망을 품고 있었고, 기회가 오자 망설이지 않고 그 길로 직진했다.

증인을 세우고 언문 유서를 준비하는 등의 행위는 자기 행위의 동기를 오해받지 않기 위한 만반의 준비였을 것이다. 이 중에서도 특히 언문 유서는 함양 군수 윤광석에게 상당한 심리적 부담을 준 듯하다. 열녀 보고를 지체하던 그는, 어느 날 머리를 풀어헤친 젊은 여성이 언문 편지 같은 것을 가지고 와서 하소연하는 꿈을 꾸고 놀라서 그녀의 유서를 다시 꺼내 본다. 꿈에서 본 언문 서찰과 그 유서가 동일함을 확인한 그는 박씨의 열행을 조정에 보고한다.

이러한 치밀함에, 그녀의 동기를 삐딱하게 짐작한 박지원조차도, 글을 마무리하면서는 자살의 시점까지 죽음을 '인내한(?)' 박씨를 결국 열녀라 인정하지 않을 수 없었다. 묫자리까지 세심하게 살펴 달라고 한 부탁 역시 시아버지에게 확실하게 접수되었다. 시아버지는 아들의 무덤을 다른 곳으로 옮겨 열녀 며느리 박씨와 함께 합장한다.

박씨의 행위를 어떻게 이해해야 할까? 《삼강행실도》를 읽으며 감명을 받아 목숨을 던지면서까지 자신의 도덕성을 장렬하게 증명한 박씨의 존재는, 온 백성의 교화를 꿈꾸며 책을 펴낸 세종의 의도가 끝내 결실을 맺은 사례로도 볼 수 있을 것이다. 그러나 겉모습만으로 수용자의 심리를 모두 이해할 수는 없다. 열녀가 되기 위해 목숨을 던지는 그녀 '들'의 마음에 또 다른 생각이 깔려 있지는 않았을까?

# 그녀들의 명예욕,
# 그녀들의 타산

열녀 함양 박씨의 시대에서 한 50여 년 후, 소백산 자락의 경상도 순흥 고을(지금의 경북 영주시)에 훗날 '덴동 어미'라 불리게 될 한 여성이 태어났다. 역시 아전 집안에서 태어난 그녀는, 박씨처럼 십대의 나이에 이웃 고을의 아전 집안으로 시집을 간다. 여기까지 그녀의 삶은 지리산 자락의 박씨와 거의 비슷하다.

두 여성의 삶이 갈리는 것은 첫 남편이 죽은 시점에서부터다. 덴동 어미의 첫남편은 결혼한 이듬해 단옷날 처가에 와서 그네를 타다 떨어져 사망한다. 남편 사망 후 덴동 어미도 박씨처럼 시집에 머물며 수절할 뜻을 보였다. 그러나 시부모도 친정 부모도 개가를 권유하자 뎬동 어미는 박씨와는 달리 그 권유를 끝까지 거절하지 못하고 이웃 고을 상주의 아전 집안으로 재가했다. 비록 후취이기는 했어도 부잣집에 남편이나 시부모나 다 인품도 좋아 만족할 만한 삶이 펼쳐졌다. 그러나 그러한 안정도 잠시, 새로 온 상주 목사 때문에 집안이 폭삭 망하면서 남편과 함께 도망치듯 고향을 떠나게 된다. 경주에서 우연히 기숙한 군노軍奴의 집에서 행랑살이를 시작한 부부는 새경을 밑천으로 돈놀이를 하며 재기할 자금을 모았다. 마지막으로 빌려준 돈을 모두 수금하여 금의환향할 꿈을 꾸던 그때, 갑작스런 전염병으로 남편은 물론이고 채무자들까지 모두 죽어 버리면서 그녀는 다시 빈털터리가 되어 버렸다.

망연자실한 뎬동 어미에게 황 도령이라는 사람이 다가온다. 고생한 이력으로는 뎬동 어미보다 더하면 더했지 전혀 덜하지 않은 이였으나, 뎬동 어미는 다시금 희망을 품고 그와 삼혼을 한다. 밑천이 전혀 없던 둘은 행상을 하며 근근이 십여 년을 살았다. 조금 사정이 펴질 만하면 한 사람이 아파서 빈손이 되고, 또 조금 살 만해질까 싶으면 다른 사람이 아프고. 몸은 곯을 대로 곯고 살림은 펴지지 않는 지독히 곤궁

한 삶이었다. 그래도 남편이 있어 서로 의지하고 사는 안온함만은 누리던 터 갑작스러운 산사태로 그 남편마저 잃는다.

이제 오십 줄에 접어든 덴동 어미의 마지막 남편은 엿장수 조씨였다. 그 사이에서 기대치 않은 아들까지 보며 늘그막에 마침내 이 지긋지긋하고 구깃구깃한 삶이 펴지는가 싶었을 때, 마지막 불행이 찾아온다. 대목을 노리고 밤새 불을 때며 엿을 고던 중 발생한 화재로 집이 불타 버린 것이다. 사람이라도 온전했으면 다행이련만, 남편은 죽고 어린 아들은 화상으로 큰 장애를 입었다. '덴동 어미', 즉 덴둥이 어미라는 호칭은 바로 화상으로 장애 입은 아들 때문에 얻은 이름이다. 이렇게 덴동 어미가 직접 풀어 놓은 자기 삶의 이야기가 〈덴동 어미 화전가〉라는 가사이다. 지독히 신산한 삶을 살았고 살고 있으면서도, 무너지지 않고 "좋은 일도 그뿐이오, 그른 일도 그뿐이라"며 춘삼월 화전놀음을 왔으면 즐겁게 놀기나 하자고 얘기하는 초긍정적 자세를 지닌 아주머니다.

그런데 그녀는 어쩌다 이렇게 기구한 자신의 이야기를 풀어 놓은 것일까? 지금까지 덴동 어미가 자기 이야기를 털어 놓은 계기는 그다지 주목받지 못했다. 그러나 그 계기를 주목해야 이 가사의 진짜 구조와 열녀가 되기 위해 목숨을 던

졌던 여인들의 진심이 보인다.

덴동 어미가 자신의 결혼 이력을 구구절절 늘어놓은 것은 춘삼월 화전놀이에 참여한 한 청상과부의 한탄 때문이었다. 열네 살에 시집을 와 삼 년 만에 남편을 잃은 이 열일곱의 청상과부는 이 좋은 봄날의 화전놀이에 와서도 전혀 기분이 나지 않았다.


천하 만물이 짝이 있건만 나는 어찌 짝이 없나
새소리 들어도 옛 생각이 나고 꽃 핀 걸 보아도 슬프니
애고 답답 내 팔자야 어찌하여야 좋을 거나
(개가를) 가자 하니 말 아니오, 아니 가고는 어찌 할고.


개가를 하려니 망설여지고, 젊은 나이에 개가를 안 하자니 속이 답답해 오는 청상과부의 망설임과 한탄에 덴동 어미가 바로 나선다. 개가를 가지 말라고 말리면서 자신의 기구한 인생 이야기를 풀어 놓은 것이다. 이야기 끝에 그녀는 타고난 팔자대로 살아야지 그걸 굳이 벗어나려고 해봤자 소용 없다고 말하며, 개가를 했다가 뒤가 좋지 않았던 다른 여러 여인들의 사례를 언급한다. 그러면서 덴동 어미는 이런 얘기를 반복한다.

첫째 낭군 죽을 때에 나도 한 가지 죽었거나
살더래도 수절하고 다시 가지나 말았다면
산을 보아도 부끄럽잖고 저 새 보아도 부끄럽지 않지.
……

나도 수절만 하였다면 열녀각은 못 세워도
남이라도 칭찬하고 불쌍하게나 생각할 걸
……

고생대로 할 지경엔 그른 사람이나 되지 말지
그른 사람 될 지경에는 옳은 사람이나 되지 그려
옳은 사람 되어 있어 남에게나 칭찬 듣지
……

개가 가서 고생보다 수절 고생 호강이니
수절 고생하는 사람 남이라도 귀히 보고
개가 고생하는 사람 남이라도 그르다네.


그녀의 논리는 이렇다. 팔자는 못 고친다. 어차피 팔자에
있는 고생이라면 피할 수 없다. 남편 복 없는 것이 자신의
팔자라면 차라리 첫남편이 죽었을 때 그대로 수절을 하는
편이 좋았을 것이다. 그랬다면 '옳은 사람'이라는 명예라도

얻을 수 있었을 것이기 때문이다. 그녀가 보기에 개가해서 고생하는 것보다 수절하는 고생이 훨씬 쉽고, 수절은 칭찬받는 행실이기 때문에 동정은 살지언정 자존심이 상하지는 않는다.

분명 열녀가 되거나 수절하는 과부로 사는 것은 꽤나 명예로운 일이었다. 함양의 박씨처럼 주변의 여러 문인으로부터 글을 받은 집안은 그것을 두루마리로 만들어 가보로 삼았다. 이학전李學傳은 박씨가 죽은 다음 해 임술증 집에 갔다가, 그 집안에서 내온 푸른 보자기로 싼 두루마리 문서를 본다. 박씨를 찬양한 열녀전으로 만든 두루마리였다.

글을 모르는 이들도 동네의 열녀를 기리곤 했다. 18세기 초 경상도 선산에서 개가를 거부하고 물에 빠져 자결한 향랑의 경우 마을 사람들이 그 무덤을 정성스럽게 보살피고 제사를 지냈다.


넉넉한 할미나 가난한 여자, 늙은 과부나 어린 부인, 규방의 여자나 밥 짓는 여종들에 이르기까지 모두 "이는 의열 낭자가 죽은 것으로, 자식은 없는 묘"라고 하였다. 산골짜기의 물품과 과수원의 과일을 미리 준비하지 않

음이 없었고, 문장을 짓고 향을 사르고 목욕재계하여
예를 엄하게 하고 정성을 다해서 절기에 맞춰 제사를
지냈다. 그것이 지금까지도 끊이지 않으니, 절개와 열
행이 사람의 마음을 감동시키고 사람의 마음에 들어가
는 것이 깊다. 며느리를 맞은 집에서는 언제나 사흘이
지난 뒤 마을의 부녀들과 소매를 나란히 하고 함께 가
서 (향랑이 죽기 전에 부른) 〈산유화〉를 같이 부르고 며
느리에게 묘에 절하도록 하는 것이 마을의 습속인데,
그것이 오래되었다.

—《삼한습유三韓拾遺》 권3


열녀가 되면 자신을 기리는 수많은 글을 통해 불멸의 존재
로 재탄생할 수 있다. 자손이 없어도 자신의 무덤을 지역 사
람들이 때마다 찾아주며 훌륭한 위인이 된 자신을 기억해 준
다. 박씨처럼 남편과 함께 묻힌 경우라면, 완벽하게 이상적
인 한 쌍의 부부를 완성하며 영원의 세계에서 함께한다. 멋
지지 않은가?
　그러나 조선의 사대부 남성은 여성에게 이러한 명예욕이
존재한다는 점을 이해하기 어려웠던 듯하다. 도덕의 본질은

사라지고 외양만 흉내 내는 세상이 됐다며 맹렬히 비판하던 정약용이 대표적이었다. 그는 〈효자론〉에서 부모의 죽음을 이용하여 세상의 명예를 도둑질하는 자들을 가짜 효자라고 신랄하게 비난했다. 반면 열부가 되는 여성에 대해서는 다음과 같이 이야기했다.

(남편을 따라 죽는 여성은)
명예를 얻기 위한 마음이 있어서인가?
아니다, 그런 마음은 없었을 것이다. 이는 성품이 편협하고 사리에 통달하지 못하기 때문이다.
—《다산시문집茶山詩文集》 권11, 〈열부론〉

가짜기는 해도 효자라는 이름을 얻는 남성의 성취는 명예욕에 의한 것일지언정 열부가 된 여성의 성취(?)는 명예욕 때문이 아니라, 편협한 성품을 가지고 있기 때문이라는 저 단언. 열녀를 찬양하건 비판하건 그들은 과연 그녀들을 이해하고 있었던 걸까?

명예욕뿐만 아니라 그녀들의 계산속도 생각해 봐야 한다. 과부의 재가를 탐탁지 않게 보는 사회에서, 개가를 한다는

풍속화 중 꽃놀이 하는 여성들 부분.
여인네들이 동산에 나와 꽃을 감상하거나 꽃가지를 꺾어 놓고
주전부리를 즐기며 어린아이에게도 젓가락으로 무언가를 먹이는 모습이 정겹다.

것은 조건의 하락을 감수해야 하는 일이다. 첫 결혼만큼 좋
은 조건으로 혼인할 수가 없다는 의미다. 후취로 갈 수도 있
고 첩으로 갈 가능성도 크다. 그렇게 가게 된 집안에서 별 문
제가 없을 것이라는 보장이 있는가? 새로 만난 남편의 성품
은 어떠할지, 본처와의 갈등은 심하지 않을지 알 수 없는 상
황이니 말이다. 덴동 어미는 개가했다가 잘 풀리지 않은 여
러 여성의 사례를 제시했다.


아무 마을의 안동댁도 열아홉에 남편 잃고
제가 공연히 발광 나서 내성으로 간다더니
서방놈에게 매를 맞아 골병이 들어서 죽었다데.
아무 집의 월동댁도 스물둘에 과부되어
제 집 소실을 모함하고 예천으로 가더니만
전처 자식을 몹시하다가(구박하다가) 서방에게 쫓겨나고
아무 곳에 단양이네 갓 스물에 가장(남편) 죽고
남의 첩으로 가더니만 큰어미(본처)가 사무라워(사나워)
삼시 사시 싸우다가 비상을 먹고 죽었다데.


때리는 남편을 만나 맞아 죽은 이도 있고, 전처 자식과 갈

등을 빚다 남편에게 쫓겨난 이도 있고, 첩으로 갔다가 본처와의 갈등 끝에 자살한 이도 있다. 자신처럼 세 번, 네 번 남편을 바꾸다 결국 빈민으로 전락하는 사례도 있을 것이다. 이처럼 불확실하고 불투명한 세계로 또다시 자신의 운명을 던져 시험하느니, 정해진 안정과 명예로운 길을 택하는 편이 더 낫지 않을까? 덴동 어미의 이야기를 들은 청상과부는 크게 깨달음을 얻고서, 봄 춘자, 꽃 화자에 맞춰 노래를 부르며 화창한 봄날을 즐기기로 마음먹는다.

# 사대부 남성이 이해하지 못한
# 하층 여성의 절개

구경 가세 구경 가세

만경창파 구경 가세

세상천지 넓다 해도

이 몸 하나 둘 데 없네

차라리 물에 빠져

물고기의 배 속에나 장사하세.

―향랑, 〈산유화〉 구전채록본


함양의 박씨는 언문을 읽고 쓸 수 있었고 어릴 때부터 《삼

강행실도》 같은 책을 읽으며 위인이 되기를 동경했다. 이런 사례라면 그녀의 과감한 열행을 이해할 수 있을 것이다. 그러나 뭐 하나 제대로 배운 것도 없을 무지렁이 하층민 여성이 과감한 열행을 실천한 것은 무엇 때문이었을까? 사실 당대 사대부들은 하층민 여성들이 열녀가 되는 것을 잘 이해할 수 없었다.

사대부들의 당혹스러움과 제멋대로의 견강부회를 잘 보여 주는 이가 18세기 초 경상도 선산에서 살다 간 향랑이다. 향랑은 가난한 평민 출신이었다. 열일곱에 시집을 갔으나 손찌검을 일삼는 남편을 견디다 못해 친정으로 도망왔다. 그러나 친정에서는 그녀를 받아 주지 않았다. 너 먹을 양식이 어딨냐는 강퍅한 계모 등쌀에 아버지도 어찌하지 못하고 숙부에게 보냈다. 숙부에게 의지해 사는 것도 하루 이틀이지, 빠듯한 형편에 숙부는 점점 향랑을 부담스러워하기 시작했다.

내가 평생 너를 먹여 살릴 수도 없고 남편도 널 받아 줄 것 같지도 않으니, 이제 그만 다른 집으로 시집을 가는 게 좋겠다.

향랑의 거부에도 숙부는 집요하게 얼르고 달랬다. 결국 숙부 집에서도 버티지 못한 향랑은 시집으로 돌아왔으나, 남편의 행실은 여전해 버틸 수가 없었다. 그러자 시아버지도 그녀가 차라리 다른 곳으로 개가하길 바랐다. 향랑은 울 밖에 작은 띠집이라도 하나 지어 주면 조용히 살겠다고 울며 매달렸으나 시아버지는 매몰차게 거절했다.

아무도 받아 주지 않고 다들 자신을 어딘가로 내보내려고만 하는 처지, 향랑은 비틀비틀 낙동강 가로 나가, 지나가는 나무 하던 소녀에게 〈산유화〉 한 곡조를 남기고 물에 빠져 자살했다. 이때가 1702년(숙종 28), 그 2년 후 조정에서는 정려를 내렸다.

비천하고 배운 것 없는 여성이 개가를 거부하며 장렬하게 자살했다는 소식은 지역 사회를 흥분시켰다. 영남의 사대부들이 향랑을 주제로 지은 전기만 아홉 편이나 될 정도였다. 이들은 향랑의 열행이 어떻게 가능했다고 보았을까?

선산 부사로 있던 조구상趙龜祥은 은근히 그녀의 열행이 자신의 치적, 좀 더 정확히는 자기 가문의 치적이라고 말하고 싶어 했다.

아! 할아버지께서 이곳에 부임하셨을 때 의로운 소[義
牛]가 있었는데, 제가 이곳에 부임했을 때 향랑의 일이
생겼으니, 이 고장 사람들이 모두 기이한 일이라고들
합니다.

—《해총》(동), 전기류 〈향랑전〉


‘의로운 소’ 이야기는 조구상의 할아버지 조찬한이 선산
부사로 있었을 때, 호랑이의 습격으로부터 주인을 구한 소
이야기다. 주인이 호랑이에게 입은 상처를 회복하지 못하고
끝내 사망하자 이 소도 아무것도 먹지 않더니 사흘 만에 죽
었다. 조찬한은 의로운 소를 기리며 화공에게 ‘의우도’라는
8매짜리 그림을 그리게 한 바 있는데, 손자 조구상은 여기에
향랑의 이야기를 그린 2매를 더해《의열도》라는 책을 펴냈
다. 할아버지 치세의 의로운 소와 자기 치세의 열녀 향랑 이
야기를 연결시킨 것이다.

한편 장류張瑠(1649~1724)는 향랑이 길재吉再(1353~1419)의
영향을 받았을 것이라 보았다. 길재는 조선이 건국되자 두
임금을 섬길 수 없다며 벼슬을 버리고 고향인 선산에 은거하
며 절의를 보였다.

《의열도》 중 향랑의 이야기.
조구상이 펴낸 《의열도》. 왼편이 향랑이고 오른편은 나무하러 온 소녀다.
첫 장면은 향랑이 소녀에게 자신의 자살 이유와 〈산유화〉 곡을 전하는 모습을,
두 번째 장면은 물에 뛰어들어 자살하는 장면을 표현했다.
길재吉再를 모시는 야은서원冶隱書院과 길재의 절개를 기리며

조선시대에 세운 지주중류비砥柱中流碑가 크게 표현되어 있다.
선비들은 지주중류비 근처에서 향랑이 자살했다며,
그녀의 정절을 선산 출신인 길재의 유풍과 연결지었다.
* 출처: 서울대학교 규장각한국학연구원 소장.

이 부인이 궁벽한 마을의 가난한 집에서 나고 자랐으나
'두 남편을 섬기지 않는다'는 뜻을 능히 알았다. ……
마치 길재 선생의 깨끗한 절개에 감동한 듯 어찌 기이
한 일이 아니겠는가?
—《안재선생문집》권4, 〈열녀 향랑전〉


이 일대의 다른 선비들도 장류처럼 선산 지역이 길재를 비
롯하여 의로운 소, 향랑 같은 열녀 등 교화가 행해지는 지역
이었다고 강조했다.

자기 지역의 풍속이 돈후하다는 명성을 얻기 위해 애쓰는
지역민들은 경상도 선산만이 아니었다. 박지원이 쓴 〈박 열
부 사장朴烈婦事狀〉에도 이런 지역민들이 나온다. 한성부 남
부에는 남편을 따라 자결한 박씨라는 여성이 있었다. 그녀의
친정아버지는 자기 딸이 열녀일지는 몰라도 효녀는 아니라
며 정려를 요청하고 싶어 하지 않았다. 그러나 마을 사람들
은 "이 일은 친정과 관계 없다"며 친정아버지의 의견을 무시
해 버리고, 박씨를 포상해 줄 것을 관청에 요청한다.

향랑의 사안을 굳이 길재나 지역의 풍속과 연결시키지 않
은 이들도 있었다. 이하곤李夏坤(1677~1724)은 이렇게 논했다.

아아! 상랑(향랑)은 궁벽한 시골의 한 여자이니 평소 어찌 《시경》, 《예기》의 가르침이나 보모의 훈계가 있었겠는가? 그런데도 대의를 알아 우뚝하게 스스로 뜻을 세워, 죽는 것을 돌아가는 것처럼 여겨 자신의 뜻을 밝혔다. 진실로 천성이 정貞하고 열烈한 것이 아니라면 어떻게 이렇게 할 수 있었겠는가?

―《두타초》 권16, 〈서정녀상랑사書貞女尙娘事〉


밑바닥 여성이라 배운 것도 없었을 향랑의 행실에 대해, 이하곤은 '타고나길 그렇게 타고났나 보다'라고밖에는 생각할 수 없었다. 어떤 행위의 원인을 천성으로 돌리는 것은 제대로 된 설명이 아니라 잘 모르겠다는 말이나 다름없다. 사대부 남성들은 이러한 하층 여성들의 절행·열행의 동기를 제대로 이해하지 못했던 것이다.

당장 사대부 박지원 또한 박씨의 열망은 자못 모른 체하고 자기 생각대로 그녀의 동기를 재단했다. 아전 집안 출신인 박씨에게 그러한 순수한 도덕적 열정이 있었을 리 없다고 믿었던 것이 아닐까? 그의 글에서는 신분별 차별의식도 보인다. 위대한 유학자 사계 김장생의 후손 김유인金孺人의 죽음에 대해 논한 박지원의 글과 비교하면 그 차이가 여실하다. 남편의 상기를 마치고 자살한 행실만 놓고 보면 함양의 박씨와 별반 다를 바 없음에도 박지원은 김유인에 대해 일시적 기분이 아니라 침착한 마음으로 의를 취했다고 찬양한다(《연암집》 권1, 연상각선본 〈김유인사장〉). 또한 〈박 열부 사장〉과 〈이 열부 사장〉처럼 사대부 여성의 열부 사장에는 죽은 여성의 본관을 꼭 밝힌 박지원이 함양의 박씨에 대해서는 제대로 본관을 밝히지 않았다. 〈열부 함양 박씨전〉이라고 하여 박지원의 글만 보면 박씨의 본관을 함양으로 착각하기 쉬우나, 그녀의 본관은 밀양이다. 이제 눈치를 챘을지 모르겠다. 이 글에서는 그녀를 '함양의 박씨'라고 칭했지, '함양 박씨'라고 칭하지 않았다.

덴동 어미가 읊은 수절 과부의 명예 역시 그 계층성을 생각해 봐야 한다. 덴동 어미와 화전가를 함께 부르며 논 순흥 고을의 아낙네들은 여종을 데리고 놀이를 나올 정도로 유복한 집안의 여성들이었다. 그들의 화전놀이에서 화전을 부친 이들은 그 아낙네들이 아니라 데리고 나온 여종들이었다. 아낙네들이 흥청흥청 꽃을 따오면, 계집종 상단이는 그 꽃을 데치고 삼월이는 찹쌀가루를 반죽했으며, 취단이가 불을 넣

◑ 함양 열녀 밀양 박씨 정려비.
청하 현감 정덕제鄭德濟가 비문을 지었다. 1797년(정조 21)에 함양향교
입구에 세웠으나, 1932년 도로 확장공사로 옮겼다가 2009년 상림공원 안의
현재 자리로 다시 옮겼다. '열녀 학생 임술증 처 유인
밀양 박씨지려烈女學生林述曾妻孺人密陽朴氏之閭'라고 쓰여 있다.
* 출처: 지역N문화. 경상남도 함양군 함양읍 소재.

으면 향단이가 떡을 부쳤다. 순흥의 아낙네들은 안정된 친족·지역 공동체와 경제적 윤택함 속에서 수절 과부의 명예를 노릴 수 있었다.

하층의 여성은 그런 명예를 얻기도 힘들었다. 18세기 후반, 19세기 전반의 시기를 살았던 서형수徐瀅修(1749~1824)가 이를 증언한다.

자고로 절행과 열행의 실천은 대개 가난한 집에서 나온 경우가 많았고, 벌열 가문에서는 거의 들을 수 없었다. 그 콩잎을 먹는 자들은 의리의 실천을 가볍게 여기고, 고기를 먹는 자들은 그 사는 것을 중하게 여겨서인가? 가난한 집의 사람이기 때문에 정려의 은전을 받는 경우는 또한 백에 한둘도 되지 않는다.

서형수 역시 의아했다. 살 만한 집안에는 열녀가 많지 않은 데 비해, 가난한 집안에서 열녀가 나오는 경우가 많다. 딱히 정려가 되는 명예를 노렸다고 하기도 어려운 것이, 그런 계층이 정려를 받을 확률은 1~2퍼센트에 불과했다. 그렇다면 도대체 저 하층의 여성들은 왜 자살을 하는 것인가? 사대부 남성들은 이해할 수 없었다.

하층 여성은 왜 자살했을까? 여기에서 생각해 볼 지점은 당대의 만연한 성폭력 문화다. 이능화는《조선여속고》에서 과부 보쌈의 풍속을 이야기한 바 있다.

> 우리 시골 마을의 어리석은 백성들은 인근에 새 과부가 났다고 들으면, 곧 여럿이 공모하여 이를 취하였다. 그 법식인즉 미리 과부가 사는 곳, 자는 곳을 탐지하여 두었다가, 밤을 틈타 들어가 등에 업고 나와, 가난한 홀아비로 하여금 하룻밤을 겁탈하게 하여 짝을 이루게 하는 것으로, 습속이 되더니 별로 괴이하게 여기지도 않았고, 관에서도 심히 금하지 않았다.
>
> ─이능화,《조선여속고》

요즘으로 따지면 납치 강간이라고 할 법한 범죄이지만, 당대에는 과부에 대한 이 같은 성폭력이 그리 이상하게 여겨지지도 않았고, 관에서도 제대로 보호해 주지 않았다는 것이다.

과부 보쌈만 있었던 것이 아니다. 부잣집이나 권세가에서 인물이 반반한 과부를 억지로 첩으로 삼으려 한 이야기도 흔하다. 하층 여성일수록 이러한 성폭력에 노출되어 있을 뿐만 아니라 성적 자기 결정권을 보호받지 못하는 상황이었다.

향랑 역시 비슷하다. 그녀는 남편에게 소박맞은 후 개가하고 싶지 않았다. 무슨 이유로 그렇게도 극렬하게 개가하고 싶어 하지 않았는지는 알 수 없다. 사대부들이 상찬하듯 정절의식이 있어서 그랬을 수도 있고, 새로운 결혼에 대한 불안함 때문에 그랬을 수도 있다. 혹은 그냥 결혼이 싫었을 수도 있다. 그러나 중요한 점은 아버지도, 숙부도, 시부모도 그녀의 선택을 인정해 주지 않고 무작정 개가시키려고만 했다는 것이다. '결혼하지 않을 자유' 따위는 꿈꿀 수도 없는 상황. 갈 곳도, 기댈 곳도 없어진 그녀의 자살은 선택할 수 있는 것이 없는 절망에서 비롯했던 것 아닐까.

향랑의 경우는 요행히 지역 선비들, 주민들의 바람과 맞물려 열녀로 추커세워질 수 있었다. 그러나 모든 여성이 그런 행운(?)을 누릴 수 있었던 것은 아니다. 대부분은 어리석고 편협하여 그런 일을 벌인다고 여기곤 했다.

황윤석黃胤錫(1729~1791)은 일기에 기생 행아의 자살 사건에 대해 기록한 바 있다. 황윤석을 비롯한 지인들이 함께 유람하며 여러 기생을 불러 놀았으나 기생 행아가 오지 않았다. 지인이 관노를 시켜 행아를 잡아와서는 소나무 가지에 양손을 묶어 매달고 벌을 주며 다 같이 조롱을 가했다. 한참의 조롱 끝에 풀어 주자, 행아는 소나무가 서 있던 벼랑 아래 강물로 투신해 버린다.

현장에서 이 사태를 목격한 황윤석은 이렇게 기록했다.

(행아는) 한 번의 희롱을 견디지 못하고, 갑자기 물에 빠져 죽기에 이르렀다. 사람들이 모두 이처럼 한다면 충신이 되고 열부가 되는 것이 무엇이 어렵겠는가. 행아는 정말 편협하고 어리석어서 말할 가치도 없으나 너무 놀라워서 기록해 둔다.

쉽게 요약하면, "거, 양반네들이 희롱 한번 했다고 기생 주제에 울컥해서 투신을 해? 성질머리가 너무 고약한 거 아냐?" 정도 되는 감상이다. 조금의 반성도 없는, 지극히 가해자 중심적인 인식이다. 가고 싶지 않은 양반네 유람에 오지 않았다고 관노에게 질질 끌려오고, 여러 남정네의 환시하에 나무에 대롱대롱 매달린 채로 온갖 조롱을 당했을 행아의 굴욕감과 상처를 더듬어 보면, 저렇게 기록하는 이의 무심함이 더 놀라울 뿐이다. 눈앞에서 사람이 자살했음에도, 황윤석은 저런 식이면 충신이고 열부고 하나도 어려울 게 없겠다며 비아냥댔다. 그는 과부의 개가를 금지하는 문화에 대해 비판적인 인물이었다. 그러나 그렇다고 하여 여성, 특히 하층 여성의 자기 결정권을 이해하고 있는 인물은 아니었다.

하층 여성들의 자살은 성폭력이 만연하고 자기 결정권이 주어지지 않는 상황에 대한 저항이었다. 그중 극히 일부에게 열녀라는 칭호가 부여되기도 했으나, 사대부 남성들에게 제대로 이해받아서 그렇게 된 것은 아니었다. 사대부 남성들은 때로는 지역의 풍속에서, 때로는 타고난 천성에서 비롯한 것이라 말하며 긍정적으로 해석하기도 했다. 그러나 이 역시 자신들 마음대로의 의미부여였을 뿐이다.

어떤 이들은 편협하고 소견이 좁아 감정을 다스리지 못하는 여성들이 벌이는 일이라고 해석했다. 그런 이들은 자결한 하층 여성들에게 '열녀'라는 호칭을 부여하는 것에도 부정적이었으며, 이 같은 하층 여성들의 열녀 현상이 바람직하다고 보지도 않았다. 이들은 이 여성들이 때로는 '죽는 것이 차라리 낫다'는 마음을 품을 정도의 주체성을 지닌 존재라는 점을 이해하지 못했다.

하층 여성들의 열녀 현상은 성폭력에 대한 저항의 의지, 자신들의 주체성을 천명하고자 한 의지의 표출로도 읽을 수 있지 않을까? 여성의 정절을 추앙하는 문화 속에서 자신의 행위에 도덕적 가치를 부여받을 수 있게 되자, 이들은 더욱 과감히 이를 결행한다. 이는 한편으로는 조선이라는 국가권력이 부여한 규범에 예속되는 과정이었으나, 동시에 그러한 종속을 통해 주체로 성장하는 과정이기도 했다. 그렇게 하층의 여성들까지 권력의 규범에 예속되었을 때 역설적으로 그들은 주체가 되었고, 그 권력의 규범은 모순에 빠지며 더 이상 유지될 수 없었다. 이를테면 이런 것이다. 하층민까지 타고난 천성이 이미 완벽하게 도덕적이라면, 그들이 하층민으로 머물러야 하는 이유가 어디에 있는가?

조선 후기의 열녀 현상과 열녀 담론은 권력 체제의 균열이 일어나는 지점들을 보여 준다. 열녀 담론이 주인공들의 자결 동기를 정확히 담아 내지 못하고 있음을 직시하며 현상과 담론을 면밀히 읽으며, 사대부 남성들의 진정한 우려가 무엇이었는지 우리는 다시 질문해야 한다.

그들이 진정 문제라고 생각한 것은 여성들의 안타까운 죽음이었는가, 도덕의 타락인가, 아니면 하층민의 격렬한 정동affection이었는가?

# 관련 자료

- **열녀 박씨**

함양의 열녀 박씨를 소재로 한 작품은 박지원의 글을 포함하여 8편 정도가 알려져 있다. 박지원은 글 마지막에서 거창의 선비 신동항, 함양 군수 윤광석, 산청 현감 이면제의 글이 있다고 언급했다. 박지원은 박씨의 사망 소식을 당일 들었으나 그녀를 위한 글짓기는 이들 글이 나온 후에 이루어졌음을 알 수 있는 대목이다. 본문에서 설명한 것처럼, 이들과 박지원의 글은 박씨의 행적 소개에 묘하게 차이 나는 지점이 있다. 박지원의 〈열녀 함양 박씨전〉, 정약용의 〈열부론〉 모두 당대 만연한 '열행'의 현상을 비판하고 있으나, 그 비판의 지점이 정확히 무엇이었는지는 좀 더 섬세히 갈라 볼 필요가 있다.

• 〈덴동 어미 화전가〉

《소백산대관록》(경북대학교 도서관 소장)에 수록된 가사 작품이다. '화전가라'로 서두가 시작하지만, 내용 대부분이 덴동 어미의 개인사로 채워져 〈덴동 어미 화전가〉로 불린다. 여러 연구를 통해 이 이야기의 구체적인 공간과 시간이 특정됨으로써, 가사가 허구에 기초한 것이 아니라는 점이 확인되었다. 예를 들어 덴동 어미의 재혼 때 시집이 망하게 된 계기는 1871년 상주 목사로 부임한 조병로(1816~1886) 때문이며, 둘째 남편이 사망한 것은 1886년의 괴질(병술년 괴질) 때문으로 추정되었다. 마지막 결혼 때 입은 화재는 남편인 조 첨지가 근처에서 열리는 수동별신굿에 가져갈 엿을 밤새 고다가 발생한 사고였다. 수동별신굿이 1903년을 마지막으로 더 이상 열리지 않은 행사라는 사실은 이 글이 19세기 말부터 20세기 초반에 걸친 이야기임을 알려 주는 근거가 된다.

공간적으로는 화전놀이를 간 곳이 순흥의 비봉산이며, 참석자의 택호 등을 통해 이들이 대부분 순흥부를 고향으로 둔 여성으로 그 인근 지역에서 활동했음이 밝혀졌다.

덴동 어미의 이야기는 과부의 재가를 말린다는 점에서 표면적으로는 지극히 보수적이고 유교적인 듯하지만, 내적 논리는 그런 도덕가치가 아니라 타고난 팔자를 운운하는 팔자론이다. 사회 규범의 내재화라는 것이 개개인에게 얼마나 다양한 방식으로 변용되는지를 보여 주는 지점이다. 〈덴동 어미 화전가〉를 비롯한 내방가사는 이와 같은 당대 여성들의 생생한 목소리를 우리에게 들려준다.


## ● 향랑 이야기


《해총》은 정재륜鄭載崙(1648~1723)이 각종 야사와 전기 등을 모아 엮어서 필사한 책이다. 춘하추동의 4책으로 구성되어 있는데 동책에 조구상의 〈향랑전〉이 들어가 있다. 조구상의 〈향랑전〉은 향랑 관련 전기 중 가장 오래된 것이다. 이 외에 이광정의 〈임열부향랑전〉, 이안중의 〈향랑전〉, 이옥의 〈상랑전〉 등의 전기가 전해진다. 이외에도 선산의 읍지인 《일선읍지》나 《영남악부》와 같은 한시집에도 그 이야기가 전한다.

《삼한습유》는 1814년 김소행이 지은 한문 장편소설로,

열녀 향랑의 설화를 소설화한 작품이다. 시대적 배경은 신라이며, 향랑은 천상의 패향옥녀의 화신이다. 불교적 윤회사상을 바탕으로 천계, 인간계, 마계를 넘나드는 이야기를 담고 있다. 향랑과 관련한 글 중에서 가장 독특한 구조를 지닌 이야기다.

**참고문헌**

- 이정옥 주해·편,《경북대본 소백산대관록 화전가》, 경진출판, 2016.
- 주디스 버틀러, 강경덕 외 옮김,《권력의 정신적 삶》, 그린비, 2019.
- 원대연,《〈열녀 함양 박씨전〉의 문헌적 대비 연구〉, 건국대학교 국어국문학과 석사학위 논문, 1992.
- 김보람, 〈19세기 조선 사대부의 열녀 인식—기문으로 재구성된 열녀전《삼한습유》를 중심으로〉, 서울대학교 국사학과 석사학위 논문, 2014.
- 김하라,《〈덴동 어미 화전가〉에 대한 역사지리적 고증〉,《한국고전여성문학연구》35, 2017.
- 김혈조, 〈연암의 〈열녀 함양 박씨전〉 재고〉,《대동한문학》24, 2006.
- 박혜숙, 〈주해 〈덴동 어미 화전가〉〉,《국문학연구》24, 2011.

**역사 속 여자, ○○하다 2**

## 여자, 기어이 욕망하다

2026년 3월 16일 1판 1쇄 인쇄
2026년 3월 19일 1판 1쇄 발행

| | |
|---|---|
| 지은이 | 황향주·이민정·장지연 |
| 펴낸이 | 박혜숙 |
| 디자인 | 이보용  김진 |
| 펴낸곳 | 도서출판 푸른역사 |
| | 우) 03044 서울시 종로구 자하문로8길 13 |
| | 전화: 02)720-8921(편집부) 02)720-8920(영업부) |
| | 팩스: 02)720-9887 |
| | 전자우편: 2013history@naver.com |
| | 등록: 1997년 2월 14일 제13-483호 |

ⓒ 황향주·이민정·장지연, 2026

ISBN 979-11-5612-325-5  04900
　　　979-11-5612-323-1  04900 (세트)


· 잘못 만들어진 책은 교환해드립니다.